上海地情普及系列·《上海滩》丛书

年味乡愁

——上海滩民俗记趣

上海通志馆
《上海滩》杂志编辑部 编

上海大学出版社
·上海·

图书在版编目(CIP)数据

年味乡愁：上海滩民俗记趣/上海通志馆，《上海滩》杂志编辑部编.—上海：上海大学出版社，2018.8
（上海地情普及系列.《上海滩》丛书）
ISBN 978-7-5671-3201-6

Ⅰ.①年… Ⅱ.①上… ②上… Ⅲ.①风俗习惯－上海 Ⅳ.① K892.451

中国版本图书馆 CIP 数据核字（2018）第 163667 号

责任编辑　陈　强　袁苇鸣
装帧设计　缪炎栩
技术编辑　章　斐

年味乡愁
——上海滩民俗记趣

上海通志馆　　　编
《上海滩》杂志编辑部

上海大学出版社出版发行
（上海市上大路99号　邮政编码200444）
(http://www.press.shu.edu.cn　发行热线 021-66135112)
出版人　戴骏豪

*

南京展望文化发展有限公司排版
上海颛辉印刷厂印刷　　各地新华书店经销
开本710mm×960mm　1/16印张14.25　字数190千
2018年8月第1版　2018年8月第1次印刷
ISBN 978-7-5671-3201-6/K・184　定价 36.00元

《上海滩》丛书前言

1987年,《上海滩》杂志由上海市地方志办公室创办以来,始终坚持正确的政治导向,坚持"以介绍上海地方知识和各方面建设成就为己任"的办刊宗旨,坚持用说古道今的方式、生动具体的内容,为"讲好上海故事,传播上海精彩",为"让世界了解上海,让全国了解上海,让阿拉了解上海",做出了艰苦的努力,取得了一定的成果。自创刊31年来,《上海滩》已持续出版了380多期,发表文章近3 000万字,图片2万多张。其中不乏名家名作、鲜活史料,还有大量珍贵历史图片,在海内外产生了广泛而深远的影响。

《上海滩》杂志出版丛书,一直是广大读者对我们的要求,也是我们常年工作计划中的一项重要内容。早在2000年,我们就应广大读者要求,出版了一套六册的丛书(约120万字,汉语大词典出版社出版),颇受读者欢迎,短短几年就销售一空;2004年,我们又应读者要求,编辑出版了一套《上海滩》精选本,同样受到读者青睐,纷纷前来购买;2017年1月,我们在庆祝《上海滩》杂志创办30周年之际,决定根据广大读者的要求,继续出版《上海滩》丛书,当年就出版了一册《文化名人笔下的上海风情》(2017年10月,学林出版社出版)。今年将再推出一套四册《上海滩》丛书,分别为《申江赤魂——中国共产党诞生地纪事》《海上潮涌——纪念上海改革开放40周年》《楼藏风云——上海老洋房往事》《年味乡愁——上海滩民俗记趣》。

上海是近代中国的缩影,是中国工人阶级的摇篮,更是中国共产党的诞生地。习近平总书记曾经深情地指出,我们党的全部历史都是从中共一大开启的，我们走得再远都不能忘记来时的路，这里也是中国共产党人的精神家园。的确，中国共产党成立初期，上海曾经是党中央的所在地，党的一大、二大、四大都在上海召开，并且领导了上海乃至全国工人阶级和人民群众的反帝反封建的民主革命斗争，之后，上海依然是中国革命斗争的一个重要战场，上演了一幕幕威武雄壮的活剧，留下了许多可歌可泣的人物故事。31年来，《上海滩》始终坚持发掘和宣传中国共产党在上海从事革命斗争的光辉事迹，弘扬优秀的中国共产党人为了民族独立和人民解放而英勇献身的革命精神，发表了大量的讲述优秀共产党员英勇事迹的文章，同时也刊登了许多寻找和讲述设在上海的党中央以及省市机关的经历和精彩故事。

今天，我们为了实施"开天辟地——党的诞生地发掘宣传工程"，在中国共产党人梦想起航的地方，发掘中国共产党最本源、最纯粹的文化基因、精神灵魂和历史根脉，我们从历年来发表的相关文章中，遴选出部分精品力作，编辑出版《申江赤魂——中国共产党诞生地纪事》，以满足广大读者阅读和研究的需求。

上海又是一个具有海纳百川、追求卓越、开明睿智、大气谦和的城市精神的国际大都市。因此，上海在170多年前开埠之后，就以开放的胸怀，接受和融合各种外来文化，形成了有着鲜明色彩的海派文化。尤其是距今40年前的1978年，党的十一届三中全会作出了改革开放的英明决策后，上海更是成为全国改革开放的排头兵，创新发展的先行者。改革开放40年来，上海不仅在建设"五个中心"方面取得了巨大成就，而且在城市交通、苏州河污水治理、城市绿化等方面也取得了举世瞩目的成就，特别是上海市民在住房、教育、医疗、旅行等衣食住行方面都有了很大的"获得感"。

《上海滩》正是创刊于改革开放大潮呼啸奔腾之际，所以，《上海滩》创刊伊始就将及时报道和记录上海改革开放的成果，作为自己神圣的责任。31年来，上海几乎所有重大改革举措及其取得的重大成果，《上海滩》都及时作了报道，比如，建设第一条地铁、架起南浦大桥、苏州河治理工程、宝钢建设、桑塔纳轿车引进、股票上市乃至老城区与棚户区改造、一百万只马桶消失等一系列国计民生的重大改革都见诸《上海滩》。为此，有些读者赞誉《上海滩》是上海改革开放伟大成果的忠实记录者和热情宣传者。我们从中精选了一部分优秀文章编辑出版《海上潮涌——纪念上海改革开放40周年》，以纪念上海这波澜壮阔的40年。

上海自1843年开埠以来，尤其是设立租界之后，上海便逐步形成一个华洋交集、五方杂处的十里洋场。各国列强在侵略和掠夺我们的资源的同时，也将一些西方文明带入上海。比如，他们在建造纵横市区的宽阔马路的同时，还沿马路严格规划建造了一片片洋房区。这些洋楼风格多样，设施先进，花木繁盛，环境优美。为此，上海获得了"万国建筑博览"的赞誉。

值得一提的是，在这些洋楼里居住的不仅有各国的"冒险家"们，还有许多我国社会各界重要人物。比如孙中山曾在今香山路洋楼内会见了中国共产党代表李大钊和共产国际代表维经斯基等，实现了第一次国共合作，从而取得了北伐革命的胜利，同时，他和夫人宋庆龄在那里度过了一段十分难得的温馨岁月；再比如京剧大师梅兰芳在抗日时期，在上海家中蓄须明志，誓死不为日寇演戏，表现了一位爱国者的民族气节和凛然正气；至于位于思南路上"周公馆"里的同志们在周恩来同志的领导下与国民党特务斗智斗勇的故事，则更是家喻户晓。这些洋楼里激荡着历史风云，蕴藏着许多可歌可泣的感人故事。多年来，《上海滩》既注意组织采写这些洋楼的建造史，更注意发掘居住在这些洋楼中的各界人物的精彩故事和革命精神。这些洋楼故事成了广大读者最喜欢阅读的内容之一。为了让更多的读者能读到这些精彩的洋楼故事，我们编辑出版了《楼藏风云——上海老洋房往事》。

上海又是一个有着悠久历史的地方。据考古发现，早在约6 000年前就有先民在上海地区生活、劳作。在之后的数千年历史中，上海人民不仅创造了许多物质财富，而且还创造了许多优秀的精神财富和灿烂的文化，民俗就是其中一个重要内容。

　　《上海滩》在注意发掘刊登西方文化给上海带来的重大变化的同时，也非常关注上海地区民俗文化对人们生活所产生的重大影响。《上海滩》从创刊初期就设立专栏，专门挖掘和刊登有关上海地区民俗文化方面的趣闻轶事。内容涉及年节习俗、婚丧嫁娶、清明祭祀、中秋团圆等方方面面。读了这些文章，广大读者可以了解上海悠久的、丰富多彩的民俗文化，尤其是那些常年在外奔走的游子常常会生出一丝淡淡的乡愁。为了让更多的读者读到这些满含乡愁的文章，我们专门编辑出版《年味乡愁——上海滩民俗记趣》。

　　上海是个"海"，浩瀚无垠，深不可测，蕴藏着无数的宝藏。31年来，《上海滩》仅仅拾取了海滩上的一些贝壳，捧来了海面上的一些浪花，那些深藏在海中的宝藏还远未发掘。因此，随着《上海滩》杂志的继续出版，上海历史文化中的许多精彩内容不断被发掘，《上海滩》丛书的出版内容将越来越丰富。所以，目前这四本书仅仅是庞大的《上海滩》丛书计划中的一小部分，我们将继续努力，每年编选几本，积少成多，希望在若干年之后，能完成这个宏伟的计划，以满足广大读者的阅读和珍藏需求。

上海市地方志编纂委员会办公室副主任

王依群　上海市地方史志学会会长

《上海滩》杂志主编

目录

1/ 春节话趣

4/ 旧上海的春节风俗

11/ 漫谈旧上海的年俗

21/ 正月里来占卜忙

25/ 朱家角的年俗

31/ 风味独特的崇明年糕

36/ 过年扯响铃

39/ 大宅门里忙过年

46/ 国民政府曾下令废除春节

49/ "一·二八"战火中苦熬新年

55/ 守岁喜见孔明灯

59/ 年三十夜唱暖台

63/ 刘猛将与爆米花

67/ 崇明"请姑"新历记

73/ 上海本帮婚俗探奇

77/ 崇明婚俗趣谈

83/ 嘉定农村新娘嫁妆趣闻

87/ 金山婚俗的百年印记

95/ 老照片上的新潮婚礼

103/ 费时十年的"百子大礼轿"

107/ 一纸婚书话沧桑

117/ 丽都花园中的婚礼

124/ 《申报》上的结婚启事

126/ 赵景深父子两代求婚趣事

128/ 吴铁城与"新生活集团结婚"

130/ 让婚礼进行到底

132/ "宋半界"嫁女

136/ 当年我结婚时……

145/ 吴稚晖上海逃寿

148/ 朱葆三大出丧

155/ 静安寺遛牛

157/ 清明墓祭说青团

162/ 江南的"水龙"和"水龙会"

165/ "六月六狗汆浴"和"晒袍会"

169/ 七夕与祈子风俗

172/ 立夏吃蛋和称人

176/ 立夏吃蛋吃"青头"

179/ 中秋夜点香斗拜月

182/ 父亲日记中的斗蟋蟀

185/ 有钱冬至夜,无钱冻一夜

188/ 旧时过年兴味浓

196/ 清明插柳簪麦叶

199/ 端午吃粽子品五黄

202/ 豫园花会轶闻

204/ 龙华庙会

207/ 晚清小说中的上海虹庙

210/ 闲话大王庙

212/ "箍桶"与"切笋"

215/ 后记

春节话趣

薛理勇

春节 立春 元旦 新年

1992年的春节（又称新年）是公历2月4日，巧逢"立春节"。农历正月初一与立春同在一天是罕见的现象，从1840年到2050年的211年间，仅六次，分别是1886年、1905年、1924年、1943年、1992年和2038年。

我国的许多节日与历法密切相关。中国的历法是一种阴阳合历。古代一般把"立春"作为春天的开始，也把"立春"定为春节，而农历正月亦称之为"三元"或"元旦"。宋代以后又开始把这一天叫作"新年"。至今许多人仍习惯地把过正月初一的节日活动称作"过年""过新年"，而较少使用"过春节"一词。1912年南京临时政府建立后，颁行使用公元历，于是一年中出现了两个新年和元旦，人们就用"农历元旦""农历新年"以便与"新历元旦""新历新年"相区分。随着"立春"的春节风俗活动的淡化，和公元历的普遍推广使用，20世纪20年代以后，"元旦"就特指公元历的1月1日，正月初一就被固定叫作"新年"或"春节"了。

鞭春和春牛图

立春一过，农村就要投入紧张的春耕春播了，早期的春节活动始终是围绕着农业活动进行的，称为"劝农"活动。活动的最普遍形式就是鞭打春牛。届时街道上布置一新，有的商店门口围上木栏，立春前一日县里送上一头上好的公牛，披以锦缎，先由知县或地方名流用鞭抽打公牛，牛即开始在街上奔跑，百姓们紧随牛后争相以鞭打牛，煞是闹猛。明代以后，城市化的春节风俗逐渐取代了传统的"劝农"风俗，立春鞭牛风俗逐渐衰落。直至近代，中国传统的年画中还常有鞭打春牛的图案，早期的月份牌或年画也被叫作"春牛图"或"鞭牛图"即源于此。

压岁钿和压岁果

虽然历法上定正月初一是新年，但是习俗上除夕就被称之"过年"了，所以除夕就成了迎新年、庆新年的日子。小孩喜欢过年是过年能使他们得到压岁钿（上海方言，将"钱"读成"钿"）。

压岁钿风俗广为流传约在明代，但其起源可上溯到唐代的春日散钱和"洗儿钱"风俗。据王仁裕《开元天宝遗事》记载，天宝年间，"内廷嫔妃，每至春时（即立春日），各于禁中结伴三人至五人掷金钱为戏"。唐代宫廷内流传的立春日散钱风俗一般是由长者散给幼者，贵者散给贱者，据考证，这种风俗的寓义是"买春"，即年长者和位贵者出钱买取他人的青春而能使自己长寿。

唐代宫廷还流传一种"洗儿钱"的风俗。据《资治通鉴》中记载，杨贵妃生产时，"玄宗亲往视之，喜赐贵妃洗儿金银钱"。王建的《宫词》中也记载："妃子院中初降诞，内人争乞洗儿钱。"洗儿钱除用以志喜外，更主要的意义是长者给新生儿的镇邪驱魔的护身符。宋代以后，春日散钱与洗儿钱之风由宫内流传民间，成为民间风俗之一。以后又随着正月初一的"新年"的重要性日显，这两种风俗合而为一成为压岁钿风俗。不过早期的压岁钿用的不是流通货币，而是一种上面铸有"长命富贵""福禄寿昌"等吉祥词句或道教符录的形似钱币的"压胜钱"。到了明末清初，"儿童度岁，长者与以钱，贯用红，置之卧所，曰压岁钱"——人们用红线串联铜钱扎成龙、虎、方胜、元宝、宝剑等形状作为压岁钱送给小孩。于是，至于此时，除夕给的压岁钱已包含了两个意义：一方面是给小孩镇邪的，另一方面是长者给小孩新年时使用的零花钱。

近几年，压岁钿之风越演越盛，已成为人们之间互相攀比的一种形式，就与传统风俗相背了。

上海及江南地区除用钱给小孩"压岁"外，还盛传"压岁果""压岁盘"之风俗。这种风俗就是用吉祥食品给儿童压岁。如福橘（取"福"）、桂圆（取"贵"）、橘红糕（取"高"）、花生（取"长生"）、糖（取"甜"）等。现在上海石库门内的老邻居们还保持这种习惯，大年初一早晨，邻居们都用果盘盛些吉祥食品互相分送。这种沿袭至今的旧风俗既可以在新年之际互相祝贺，又可以和睦邻里关系；其最大的作用还能使邻里不和者借新年之际，以期用小小的一盘果子消除陈年宿冤，在新年伊始后和睦相处。

旧上海的春节风俗

林星垣

春节，通常叫作"过年"，也就是辞旧岁、迎新年的意思，是一年中最大的节日。按老上海的年节风俗，得从旧年腊月说起，而且还得追溯到冬至节。因为冬至一到，就已逼近年关了。

冬至在旧历十一月中、下旬。俗谚"冬至大如年"，又有"冬肥年瘦"之说，意谓这个节日俨然像过年一样。民国以前，商铺、作坊、村馆书塾冬至这天都休假。冬至前一日，称"冬除夕"，阖家吃"冬至夜饭"。农家还喝自酿老白酒。冬至早晨，拜贺亲友，馈赠节物，叫作送"冬至盘"。汉代蔡邕《独断》中已有冬至拜贺的记载。宋元以来，也有"一阳贺冬"之说。这天，还要祭祀祖先，冬至夜祭祖，磨糯米粉蒸糕，做"冬至团"，以菜肉、豆沙或萝卜丝为馅，并用以祀灶。

进入腊月，年事开始忙了。首先是十二月初八吃"腊八粥（又称"佛粥""五味粥"或"七宝粥"）"。相传这天是佛祖释迦牟尼成佛之日，各寺庙僧尼将募化来的白米，杂以枣、栗、菱、豆、胡桃、荸荠、芋艿、慈姑、香菜、青菜、胡萝卜等煮成腊八粥，用以供佛外，主要是分送檀越（即施主），表示祝福，大寺庙还以此施给贫苦人。之后民家亦仿此煮食。宋陆放翁有句诗云："今朝佛粥更相馈，反觉江村节物新。"

十二月二十四日送灶神"朝天"，称"谢灶"。先一二日，街上就有卖纸扎的送灶轿子。二十四日晚上，民间把灶龛里的灶神请在堂上，以酒、果、牲醴、团子、元宝糖祭灶，祭毕，把神马送进纸轿焚化了，就算"上天"。元宝糖是以麦芽熬成饴糖，以为灶神上天奏事，难免多嘴，会说民间的坏话,就用粘牙的元宝糖封住他的口。送灶第二天就是掸烟尘,揩洗门窗,清除破烂,搞一次大扫除,准备干净舒服地过春节。

十二月二十五日,家家吃"口数粥",这是一种糖豆粥,用赤豆、桂花、姜屑、白糖熬粥,谓可辟瘟免疫。有趣的是,连所畜猫、狗也都算在"口数"之内。家人有作客在外者也得留下一盏。

为了答谢一岁平安,要在除夕之前三四天内择日"谢年"。早几天已忙着磨粉、装糕、做团子,备作年节祀神、祭祖及馈赠

腊月廿三是传统的"送灶日"

亲友之用。上海人喜爱的年糕,一种是苏式方形的糖年糕,一种是圆形的米粉松糕。谢年的晚上,以香花、洒茶、三牲、鲜果、饼饵祭神,但必供上两盘年糕,加上一对元宝形的糖糕。祭时敲起年锣鼓,送神还要放爆竹,很是闹猛。

大除夕,家家户户更热闹。傍晚,悬挂出先人遗容(即画像,也叫作"真")祭拜。接着吃"年夜饭",称为"合家欢"。席上虽不乏珍馐美肴,却还要放上两样本地特产的菜蔬:炒塌棵菜和糖醋银丝芥。另外还得添上如意菜(黄豆芽)和发芽豆,含有"升发"之意。这一顿饭,倘有家人远出,也得添上一副朴筷,以示团圆无缺。

春联,就在除夕贴出,也叫"春帖",是由古时"桃符"演变来的,联语大多为四言、五言、七言,常见的是"聿修厥德,长发其祥""物华天宝,人杰地灵""新年纳余庆,嘉节号长春"之类吉祥语。其次是贴彩印的

预备年夜饭,珍馐堆满架

"门神",画面是唐朝的秦琼和尉迟恭,代替古时桃板上绘的神荼、郁垒,以镇邪辟恶。另外还要在屋内墙上及灶堂贴红纸写的"福"字。现今,贴门神和"福"字已不再流行,只春联还保存下来,只是内容已改成契合时代的新联语了。挂贴年画,也是家家户户感兴趣的。旧时,上海旧校场就有不少彩印木刻年画和神模的作坊,但出品不如杨柳青、潍县和苏州桃花坞等的精美。鸦片战争后,沪地又出现了石印画片。民国以后,则盛行称为"月份牌"的时装仕女和故事画,风格一变,颇受喜爱。除夕夜,人多通宵不眠,谓之"守岁"。堂上红烛高烧,满室生春,一家人围炉团聚,把酒笑谈,欢度良宵。是夕,尊长给幼辈"压岁钱"。旧俗,用红绳缀铜钱数十置于小儿枕下,祝愿其长命百岁。民国以后,则用银元包以红纸,在岁朝孩童拜年时授给他们。

除夕之夜的街头,也不像常时那样静寂。凡香烛、酒酱、茶食、炒货、水果、陶瓷杂品、鞋帽、典当、烟纸等商店大多通宵营业;索欠的收账员匆匆来往;各行业投送拜年帖的也打着灯笼不绝于途……

正月初一清晨,人们在不断的爆竹声中迎来了春节。这天,不论男女老幼，衣冠崭新，堂前点燃红烛，以茶果、粉圆、年糕祀神，以祈一岁康宁。拜祖先后，向长辈拜年，长辈给以糖果盘，装满"压岁果子"，其中少不了红橘、荔干、甘蔗之类，"橘荔"谐音吉利，甘蔗寓意"节节高"，均取吉祥之意。早餐吃汤圆、年糕或春卷。午饭是现成的丰盛肴馔。有些老年人在初一不沾荤，要茹素，叫作吃"三官素"。

1946年的上海，长辈过年给孩子发压岁钱

下午，访亲友贺年（或到初二、初三走动）。有时只送名刺一纸到友人门上，便算了事，这叫投"拜年帖"。往还答拜，称"飞帖"。张春华《上海岁时衢歌》写道："满城裙屐此匆匆，宾主循环一例同；卓午出门归路晚，绕阶名纸拾梅红。"明文征明亦有诗云："不求见面惟通谒，名纸朝来满敝庐，我亦随人投数纸，世人嫌简不嫌虚。"写

清末民初，晚辈在正月初一给家里的长辈叩首拜年

来也颇为风趣。款待来客则飨以元宝茶("元宝"指青果)、糖果、花生、瓜子及汤团或年糕。

初一当天,不扫地、不汲水、不乞火、不啜粥、不动针线。这些清规戒律现今都早已破除了。从初一到初五,商店、工厂均停业。

岁首立春,旧上海也有迎春仪式:祭芒神,打土牛,以红绿绸结彩挂在土牛身上。仪式由地方官绅行于东郊,民众趋观。又设春宴,"荐辛盘",吃春饼、生菜。民国后此风不存,但每年的历书上总画着一幅牧童鞭春牛图。

初四晚或初五子时,商家接"五路财神",所具牲醴,必有活鲤鱼一双,"鲤"与"利"同音,取发财之意。祭毕将鲤放生。是晚吃"财神酒"。

到了正月十五日上元节,赏灯是件盛事。十三上灯(也叫试灯),十八歇灯,足足要闹六天。"上灯圆子落灯糕",过元宵中午吃馄饨或面条,晚上吃汤团或小圆子(俗称珍珠圆)。

元宵前两日,灶堂就已点起"灶灯",这是吴中传来的旧俗。元宵节是

老上海街头的汤圆摊头

盛灯，各家门上和屋里都挂起各色花灯，如元宝灯、鲤鱼灯、象灯、花篮灯、荷花灯、荠菜灯、蛤蟆灯、鳌山灯、画舫灯、走马灯、双龙抢珠灯等，璀璨夺目。孩子们多在屋内外牵着兔灯玩。在城内闹市和桥梁都搭灯棚，层层挂灯。寺院则用竹竿扎"塔灯"。黄浦江畔和船上的桅杆也都挂上了灯，远望如繁星。郊外，田塍间挂起"望田灯"。清季还盛行"穿马灯"，灯为农妇自制，成队的壮年农民持灯串往各个村落，预祝丰年。"掉龙灯"也

清末民初，山东淄川农民正月十五耍社火、闹元宵

是农村元宵的热闹场面，各路数十条巨大的龙灯会聚腾舞，表演抢龙珠，鼓乐相随，欢声四起，在沪郊及嘉定南翔一带尤为盛行。张春华《上海岁时衢歌》对此有生动的描绘："艳说年丰五谷登，龙蟠九节彩云蒸；瞥如声涌惊涛沸，火树千条滚龙灯。"

上海城隍庙和春节风俗也有着密切联系。旧时，人们每在新正初一子夜时分赶到城隍庙去"烧头香"。以后几天香客不绝，而更多的是逛庙市。庙内商肆林立，百货杂陈；茶寮、书场也有几处，饮食店摊就更多了；再加露天设摊，摆着年画、春联、扯铃、风鹞及各种玩具，还有猴戏、杂耍等，吸引了大量游人，流连忘返。从初一到初五，士女骈集，人流如潮。清末至民国，豫园各处由各业分管，平时不开放，只有在春节、萃秀堂、

元宵灯市风光

点春堂和内园才酌情开放,供人游览。每年正月初三,内园循例举行梅花会,初四起各业连日在庙中戏楼演"年规戏",初六钱业又在内园祀城隍。元宵晚上,庙内灯市最热闹,有卖灯的,有赏灯的,熙熙攘攘。清末王韬的《瀛壖杂记》有一段城隍庙上元灯夜的描述:"上元之夕,罗绮成群,管弦如沸,火树银花,异常璀璨。园中茗寮重敞,游人毕集。斯时月明如昼,蹀躞街前,唯见往还者如织,尘随马去,影逐人来,未足喻也。"

  随着上海商埠的开放,外省人士纷纷来沪定居,五方杂处,各地风俗习惯也随之传入沪上,上述各种旧上海春节习俗有许多也已经改革了。

漫谈旧上海的年俗

许洪新

农历新年是"七十二候之初,三百六旬之始"。前一轮冬藏以后,新一轮春耕之前,既充满了收获的喜悦,又满怀着更大的希望。于是,春节自然成了农耕社会中最隆重的节庆。几千年来,在中华民族大家庭中,同样的过年习俗,由于民族不同、地区不同,又形成了同中有异的地方特色。上海也是这样。

送灶神拉开过年序幕

相传灶神姓张,名禅,字子郭,是一个身着明代官服的矮胖老头,三绺青须,一派富态。那是统领三界的玉皇大帝派驻在每家每户的神祇,维护家宅火烛,兼负监察之责。沪上旧时二十四日的晚上,是灶神一年一度上天庭述职的时刻,家家为他老人家饯行。嘉定外冈乡俗,认为灶神是二十四日上天的,所以送灶便在二十三日晚,称"献三勿献四"。

送灶神除用香烛外,多用团子、糯米饼、年糕,最要紧的是饴糖做的元宝糖,又称"廿四糖",南翔一带名"滥斩糖",还有柿饼、慈姑、芋艿、菱角等。嘉定有用米粉捏成缸坛、鸡窠等供祭,还用酒或酒酿抹在灶神嘴上。其意实属行贿,饴糖与糯米糕粘住其牙,酒与酒酿将其灌醉,使得灶神爷张不了口,记不住事,不会说这户人家的坏话了。其余物品也各有妙用,如玉帝问:"这户人物怎样?"便道:"灵格(菱角)。""真是好人家?""是格(慈姑、柿饼)。"祭灶时,全家要行拜叩礼,再将原来贴

清末富贵人家送灶神

着的灶马揭下,连同锡箔、纸轿等放在门外烧掉,作为灶神上天的乘具和路资;还要烧些柴豆,充作灶马的食料。明清时,外冈有跳灶王之俗。二十四日那晚,男女两丐,分扮灶公、灶婆,手执竹叶、冬青,边奔边舞;另有两丐,一扮钟馗执剑,一扮小鬼,余丐则沿门乞讨。这大约是古代傩戏之遗风。沪地对送灶极为重视,有称"交年节"或"小年"的,一些徽商移民更将其视同过年。

有送,自然有接。接灶神的时间各处不一,有的在除夕夜,有的在元宵夜,如枫泾是在初三,金山是在初八。祭供之礼一如送灶神,再贴上新的灶马和对联,联语多为"上天言好事,回宫保平安"之类。

送灶神拉开了年事的序幕。二十五日"除尘",就是大扫除;去集镇买新衣新鞋新帽子,准备年夜饭的菜肴,殷实人家开始杀猪宰羊。在外的人纷纷往家赶。二十五日夜,全家共食腊塌粥,未到家的人也要放上一碗,故又称"口数粥"。此粥寄寓驱疫祈福之意。吃"口数粥"之俗,到了嘉定便成了吃赤豆饭。

在准备过年的几天中，印象最深的当数装糕。笔者儿提时生活在高桥镇，那时所见到的有松糕、糖糕、印糕、一捏酥等。松糕是用糯米和大米粉蒸出来的，上撒红枣、瓜子仁、红绿丝等。糖糕是用糯米和大米饭在臼中捣出来的。最有趣的是印糕和一捏酥，那是将糯米、大米、芝麻、黄豆各粉炒熟，加糖拌和后，用少许熟猪油作黏合剂，用印模压出的即印糕，用手抓捏出的即一捏酥。印糕之形状有梅花、荷叶、果状、鸡心、鱼兽种种，望之可爱动人，含之香酥甜糯，入口即化。装糕时，满屋香甜味，小孩穿来挤去，充当着第一试吃的角色。50多年过去了，至今难以忘怀。

年夜饭菜肴重口彩

除夕的年夜饭，是一年中最隆重、也是最丰盛的一顿。但是往昔不像现在，说吃就吃了，前面还有许多节目，那就是祭神、祀先。有些地方，祭神是在除夕前一两天举行的，称之"献上地"。祀先则有简有繁。旧时大户人家，于中厅悬挂先人遗像，隆重祭祀，全家按尊卑长幼之序，行跪叩大礼。聚族而居的地方，还要开祠堂，参拜列祖列宗，进行祠祭后再行家祭。先人真容从除夕夜悬出后，一般要到年初三才收起来，一些徽商移民家庭则要到正月十八日才收，称为"祭十八朝"。

祭神、祀先完毕后，全家方能围坐下来，开始了这顿孩子们盼望已久的晚餐。年夜饭菜肴多重口彩，黄豆芽曰"如意菜"，塌棵菜寓"脱苦"，全鱼与囫囵蛋称"元宝"；全鱼的头须向屋里，谓"元宝滚进来"；每个菜都不能吃完，谓之"吃剩有余""年年有余"等。

年夜饭后，是换桃符、贴春联门神、插柏枝冬青，在地上用灰画成弓矢状，烧苍术和辟瘟丹，寓辟邪之意。马陆一带还要供五路财神，祈望发

大户人家吃年夜饭前祭神祀先

财。接着让一个男人于门外放三枚爆竹，旋闭门，称"封门炮"。全家开始守岁，又称"守财香"。大户人家于中庭天井架火，一般人家生一火炉或一火盆，称糁盆；堂上明烛燃香，名点天香。众人围坐，听家长说一年盈亏，讲来年打算，或者话先人的往事，往往达旦，建国后多过子夜便告结束。守岁之俗，晋周处《风土记》中即有记载，根据一些少数民族围篝火度岁之俗，很可能是原始时代的遗风。

除夕夜的节目还有封井、封刀剪，直到初四才启用，称"完太平"。事先要贮水，淘好初一用的米，有的地方要淘好新年三天的米，称"隔年米"。家中所有房间要点烛，后来则开电灯，称"照虚耗"。市郊农村普遍吃炒豌豆，并相互弹豆，边弹边吃，口中说"投凑"。方泰一带吃炒瓜子，称"炒贼眼"，寓意新的一年中免遭贼窃。

年初一拜年来去匆匆

大年初一,男丁启门,放爆竹三响,称"开门炮"。人人都着新衣、新鞋、新帽,松江一带妇女穿红裙、红鞋。早上食小圆子、汤团、松糕、蜜枣、扁豆红枣汤、米花糖茶等食物,以甜、圆、糕,寓甜蜜、圆满和发达。一般不开锅烧饭炒菜,食隔夜饭菜;有的地方茹素,寓节俭敛财;浦东一带,初一必吃油豆腐细粉,称"棉花包""扎包绳",以祈棉花丰收。是日早上点香烛,供以汤圆、细粉、枣子茶;大户还供以三牲,有的代之以蜡梅、天竹、水仙,称"清供"。先祭天地神祇,继祭祖先。闵行一带是在中午祭天地众生的,按俗用三盅酒,两盅上抛,一盅下洒,口称"天一盅,

新年里官员进行团拜

地一盅，猪狗众生合一盅"。祭完，幼辈向高堂双亲及诸尊长拜年。拜年时，按尊卑长幼依次而礼，对尊长行大礼，民国前行跪叩礼，民国后渐改鞠躬；对平辈互行拱手礼，口致"恭喜""发财""健康"之类的颂词；受幼辈礼后，要给赏赐，以红纸袋或红纸包着的钱钞，亦称"压岁钱"，也有以实物替代的。

初二起始外出向亲友邻里拜年，亦有初一外出的，如金山寒圩一带。外出拜年依亲疏而行，其中以本家近亲、尤以五服内族亲为最先，继为近邻、舅姑和岳家，初四至十六日才是较远的亲友。旧时一般至门前，投名刺而不入。名刺即2寸宽、3寸长的纸片，类似今之名片，上书姓名贺辞。有的往往不是亲至，而让仆役代投，称"飞帖"。民国后，改入内稍坐，并略备礼品，主人家以敬茶礼待之，飨以果品小点心，一般不留饭，唯至亲密友间才互请年酒。敬茶亦依各地而不同。松江一带用米花糖茶，宝山一带上置青橄榄两枚，称"元宝茶"；果盘多用八角状，环周八格，中间一格，置九种不同的果糖、干果、蜜饯等物，称"九子盘"；点心多为小圆子、年糕之类，浦东多用大汤团。唯新婚夫妇至岳家，须用重礼，岳家亦须以酒宴招待，但当天必须返回，所谓"正月新妇不空房"。

旧时，新年三天，商店均歇业，唯茶馆、理发店照常营业。客至，敬元宝茶，顾客须加倍付资。

接财神过年再起高潮

初五接财神，是新年里的一个重头戏。相传财神名赵公明，秦时人，黑面浓须，戴铁冠，执铁鞭，骑黑虎，得道于终南山，道教尊为正一玄坛元帅，有驱雷役电之功力，能除瘟禳灾，主持公道。《封神演义》将他提前了800多年，成了商周之际武王伐纣时的人物。不过按道书所说，赵公元帅的神诞在年初二，所以，保留徽商遗风的人家，是从初二日开始祭财神的，到初五日方止，反正礼多不怪，神也如此。初五日，按传说应是路头神生日。路头神姓何，名五路，故又称五路财神。接财神事关大利，故而特别隆重。初四入夜，就开始燃香点烛，上供一个猪头、一对鲤鱼、一只雄鸡及酒肉果点。其中鸡颈用红纸裹卷，口中衔枝大青蒜；鲤鱼的胸、背、双眼，都贴了红纸剪成的元宝，有的则贴着印有龙门图案的红纸，寓意"吉庆有余"和"跳龙门，交好运"。鲤鱼者，利余也，这对活蹦乱跳的鲤鱼便被称之为"元宝鱼"。不过，在广东是将大蚌视作元宝的，因而在粤商的店中及诸如今四川北路永安里等粤籍移民聚居区内仍用大蚌，或者蚌、鲤兼备。接着，由店主或家长领头并唱名，全体人员按顺序，逐一磕头礼拜，随后，本来闭着的大门洞开，燃放爆竹，此即"接财神"。同时令众聚饮，称"财神酒"。商家祭祀时，没有唱到名的人就意味被开革了，喝了酒就得悄悄回房卷铺盖。

　　接完财神，店家就复业了。初五那天，旧时有"跳财神"的活动，煞是好看，笔者幼时差不多年年见到，直至20世纪50年代初以后才渐渐消失。跳财神，又叫跳春官，是徽鲁苏北一带流浪艺人所作的一种营生。由一男性，头戴黑色文官帽，身穿大红袍、白彩裤，系红底白玉腰带，脚登粉底黑靴，完全是戏文里的打扮，罩一只金色面具，左手托一只硕大的金元宝，右手执泥金折扇，在鼓、锣等乐器演奏的吉庆乐曲中，舞蹈于店门之前。据说舞蹈由"财神临门""扫除晦气""招财进宝"三部分组成。主人家须付以相当数量的赏钱方肯离去。此外，还有一种叫化送元宝，也似跳财神那样打扮一番，不过服饰差多矣，后面跟了唱小曲、用简单乐器吹打伴奏的一群，于商家或大户门前跳跳蹦蹦一番，后随一人手托一个木盘，盘中放着一条贴着红纸的鲤鱼。这种人临门，也是要付一笔符合他们心理价位的赏钱才能打发的，否则就会鼓噪闹事。

元宵夜灯会压轴大戏

元宵，是传统过年的压轴大戏，由来已久。建国前，上海地区一般为五夜，即十三日上灯，十七日下灯。但各处也略有差异，如川沙是十四至十八日，崇明为十五至二十日，奉贤最长，自正月十五直至二月十五日，整整一个月。

灯的名称极多，依寓意或形式而定，主要有"望田灯""塔灯""滚灯""伞灯""龙灯"等。

俗话说"闹元宵"，就热闹在"调龙灯"上。比如真如，自十三至十七日，每天有30多条龙会集在镇西北秦公庙，先行传统祭祀，再行出龙。1946年元宵为庆祝抗战胜利，山河重光，是真如镇历史上最热闹的一次龙灯会。

宝山"放天灯"，则为圆桶形，底部燃一油灯，利用热空气将灯送上天空，随风远飘。更为壮观的是，黄浦江上千百条沙船上的桅灯，元宵之夜"恍如晴霄星斗，回映水心，上下一色，诚巨观也"。

元宵节的食品，最普遍的当然是汤圆。一般都似鸽蛋大小，乾隆《上海县志》称"珍珠圆"，光绪《金山县志》称"灯圆"，大约是灯节的缘故。唯浦东、川沙一带的荠菜粉团，个甚大，称"稻颗圆"，一碗六个，现在的小姐是吃不了的。除了汤圆，还有馄饨。其馅各地所用荤素不拘，唯马陆一地一定要用野菜。馄饨虽是元宵大众食品，但接灶时不能作供品，俗谚"颠颠倒倒，馄饨祀灶"。嘉定等处，于当日吃叫作"贺年羹"和"蒸缸甏"的食品。贺年羹，又称"和腻羹"，是以菜肴、花生、地栗、菱、枣，加上面条、糯米小圆子煮成的羹，味咸。因年节中饱食油腻，再食此羹，鲜美爽口，有助消化。蒸缸甏，是一种用手捏成缸甏形的糯米粉糕，其意自然是祈丰收，原为接灶供品，但做工精细，是各家女主人炫耀手艺的好机会。

旧时年画中的舞龙灯

随着上元灯的卸下，春节就告结束了。所以，民间将元宵节晚上吃的馄饨叫作"收心馄饨"。然而也有一个有趣的特例，那就是嘉定南翔的奇俗——重庆上元。

二月十五日，举凡上元夜节目，在南翔一一再现，春灯、望田灯、彩灯，重扎重挂，且各家制灯，更求标奇出新。云翔寺自然要重扎塔灯，儿童也提灯夜游，各村龙灯队再会鹤槎山，并巡游出灯，穿乡入市，至云翔寺前塔灯下返回。故云"二度上元灯会"。此事有光绪间南翔人陈崧《槎溪棹歌》为证：

仲春重庆作元宵，满眼花光月助娇。
蜒蜿龙灯工剪彩，六街如昼沸笙箫。

正月里来占卜忙

许洪新

春节里占卜祈福之风，古来有之。

旧时靠天吃饭，所以预测来年收成是春节占卜的重要内容。老祖宗留下的这类占卜方式也极多，如初一早起，晨占风云，东北风或黄云则主丰稔，西风或天云暗黑则主歉收，南汇一带则以是日晴主丰稔。也有将米饭抛在屋顶上，观察鸟食情况来占卜收成的，如余下较多，则新年中收成较好。有的地方重视初三日，称为"小年朝"，专门在当日卜算一年的丰歉情况。矇东一带有在元宵节看月亮的习俗，月满而清则为好年成。

若想知道新的一年雨量的多少，则可以在除夕夜往水缸里放上12颗黄豆，一段时间后观察黄豆的位置和被水浸胖的程度，胖则多雨，瘦则少雨。或者烧饭时，备卜12只酒盅，在将熟未熟之际，顺次置入饭锅，待饭熟启盖，观察每只盅内有多少蒸馏水。

崇明一带认为初三是"撒草娘娘生日"，那天驱赶"撒草娘娘"，来年田中才能不生杂草。驱赶的方法或从凌晨起生火烧饭，或在天将明未明时放爆竹，更离奇的是让几个男子裸体狂奔等。民间说正月十二是棉花生日，外冈一带的农家认为当日天晴则一年棉花丰稔。

流传最广的占卜要算爆孛娄了，也就是爆米花，所爆之物多为糯米、人米或玉米。看爆花状况来占卜，花妍则吉，一年顺当。这种占卜的日子各地不一，上海城内是正月十三，嘉定为正月十四，外冈则有"十三炒，十四爆，十五夜里嗒嗒咬"的俗语。

祈愿占卜的另一大内容，是有关个人与家宅平安康健。最大众的方式是礼佛祈愿,比如初一烧头香。嘉庆《松江府志》有记载,当时的善男信女从除夕夜近子时就出门烧香,要烧遍松江城内的东林禅寺、西林禅寺、南林禅寺、北林禅寺、超果寺、龙门寺、兴圣教寺和普照寺,俗称"烧八寺"。初七至初十又有龙华会。罗店、疁东一带把年初九当作玉皇诞辰,抬了神像环周寺庙至玉皇宫,俗称"朝玉皇"。

其余的占卜祈愿方式也很多,有的近似游戏。如拔状元筹,就是以掷骰子比大小,获全六点者谓拔得状元,旧谓可应是年科举大利。初七相传为人日,看天气,晴则年内少疠疫,谚云:"人日晴,人民宁。"那天还要吃七菜羹、赤豆饭,据说都是驱疫鬼的。正月十五有走三桥之俗,民间认为日夜鬼穴空,踏街头走三桥可祛百病。

最热闹的占卜问休咎是请紫姑,就是俗称"请坑三姑娘"。那其实是一

老上海笔下的"迎紫姑"风俗

种扶乩，根据所问，观察乩笔在沙盘中画出的文字、图案、线条来解释吉凶。据《显异录》上说，紫姑生前姓何，名媚，字丽卿，山东莱阳人，寿阳李景之妾，因大妇妒恨，正月十五阴杀于厕中，天帝悯其冤，封为厕神。又一说称是汉高祖刘邦的宠姬、被吕后所害的戚夫人，所以又称七姑。各地请的日期也不一，从初七到初十以及十五日都有，方泰镇是在除夕夜。请坑三姑娘的时候，口中要念道："小胥不在，曹夫人已行，小姑可出。"胥即媚，曹夫人即大妇。除紫姑外，民间又有田间的田三姑娘、屋角的壁角姑娘、门臼的门臼娘娘等，全是清一色的女性神。参加那些祭祀活动的也都是青年女子，大概是不想遭遇何媚这样的命运，所以她们都特别热衷于"请坑三姑娘"。

此外，还有"寻喜神"，按历书所指，于初一日驾车朝喜神方向兜一

老上海笔下的"兜喜神"风俗

圈，以求退晦气而接喜气。晚清坐的是马车，民国时改坐汽车。如遇立春与初一相逢，寻喜神的人更多。有首竹枝词云："百年难遇岁朝春，择定何方有喜神；驾御汽车行驶处，风驰电闪蔽飞尘。"写的就是1924年2月5日上海人寻喜神的情景，那天正是立春与初一相逢。

朱家角的年俗

吴玉泉

春节期间的朱家角古镇,有江南水乡的最真实风情。时值年关,古镇上的游客较往日稀少,有的商家开始闭门谢客,回家过年。古镇恢复了静谧的本真,唯有生息于此的人家、沉稳的古桥和缓缓流动的河水。

岁末祈福

朱家角人过年,也是早早就开始准备。不少人家,现在还保留着"谢灶"的习惯。腊月二十四这天,要送灶君王老爷升天,本地也称"小年夜"。入夜,以糕团祭神"送灶君",全家向灶君磕头礼拜,送"灶王爷"上天,至来年正月十五再接灶君回来。可惜,现在"谢灶"已不太时行,但漕港河边每到"谢灶"仍能闻到香火的尘世味道,若深入弄堂,或许还能撞见手举高香、鞠躬祈福的虔诚原住民。"谢灶"之后,便该"掸檐尘"。直到腊月二十九,家家都要按规矩彻底地打扫自家的弄堂内屋,意在洗去旧年的灰尘与污垢,期盼新年的万象更新。

旧时,男人在这几天里要理发,女人要洗头,为漫长的正月做准备。这是为什么呢?因为有"正月不洗头,不理发"的说道。正月里头发就是再脏,也不能洗,因为朱家角人笃信"正月理头死舅舅"的忌讳。

暮色时分的古镇最有神韵。伫立古桥,或手扶摇橹船,或沿着河道信步游走,借着逐渐亮起的一串串橘红的灯笼,你会看到贴着红色春联、透

岁末祈福

出温馨灯光的水乡老屋,悠闲漫步、走门串户的老人,连同在暮色中不断升腾的烟火,一起倒映在幽幽的流水中,幻美迷离……

吃年夜饭和守岁

朱家角人过年爱讨口彩,过年的吃食尤为重要。以前朱家角人家的媳妇,年节前要预先做好新年米饭,盛放在竹箩中,上面放红橘、乌菱、荸荠等果品及元宝糕,插上松柏枝,叫作"年饭"。

传统的大年三十年夜饭,要备齐"四大件",即"全鸡、全鸭、蹄髈和鱼",意味着团团圆圆、年年有余。新年吃爆鱼,是预祝家运旺如"烈火烹油"。这天,即使不会喝酒的,也多少要喝一点。吃年夜饭,是春节家家户户最热闹、最愉快的时候。大年夜,丰盛的年菜摆满一桌,阖家团聚,围坐桌旁，共吃团圆饭，既是享受满桌的佳肴盛馔，也是享受那份快乐的气氛。按老传统，必有炒青菜，吃了"亲亲热热"；必吃豆芽菜，因为黄豆芽形似"如意"；必食鱼头，但不能吃光，叫作"年年有鱼（余）"；还有萝卜俗称"菜头"，祝愿有好彩头。以前朱家角过年也吃暖锅，其配食非常精致，讲究热气腾腾，温馨撩人。年夜饭的最后，还是以甜食压轴，祝福往后的日子甜甜蜜蜜。春卷、汤圆、八宝饭、年糕，都是地道的水乡甜点，也是年夜饭菜谱的必备。

在丰盛的年夜饭桌上，自家酿制的米酒，或泡着姜丝的热黄酒，也是一大特色。黄酒入口低调但韵味无穷，常让人喝得两颊生绯，与屋外的大红灯笼交相辉映，煞是好看。每年吃年夜饭的时候，家家户户都要把大门关起来，不能大声说话，不能敲击碗筷。吃完年饭后，就要将桌子的碗筷收拾干净，再打开大门，这叫作闭门生财，开门大吉。吃好年夜饭后，长辈送给小辈红纸包（俗称压岁钿）。

除夕夜，大多数人睡得很晚，有些人家还通宵不眠，称为"守岁"。为守岁，很多人家都会设一个临时性的供桌，称"天地桌"。这桌主要是为接神使用。因为平时对佛上供较少，到年终岁尽时对神佛大酬劳一次。"天地桌"的内容与常年佛堂有所不同，除共有的挂钱、香烛、五供、大供之外，其受祀的偶像也大都是临时性的，如"百分"，它是一本木刻版的神像画册；"天地三界十八佛诸神"，是一张用大幅黄毛边纸木刻水彩印的全神码；还有福禄寿三星画像等。以上诸像有的接神后即焚化，如"百分"；有的则须到破五甚至到灯节才焚烧。摆"天地桌"的位置也不统一，如堂屋地方宽大，可置于屋中，如屋内无地，就置于院中。传说此夜为天上诸神下界之时，所以民间有此接神习俗。朱家角人在祭祖之后，还要查看历书上所载今年的吉利方向，燃灯笼火把，提壶挈酒，奉香鸣爆竹，开门出行，迎接喜神，称"出天方"或"出行"。此俗为趋吉迎祥，祈求神灵保佑一年百事顺利、亨通如意。

走石桥和看社戏

新年，朱家角盛行泡茶敬客，茶盘里或碗盖上放两只橄榄，称为"元宝茶"。

在清香四溢的茶香中，感受香茗的清冽与醇厚，是一种意趣与雅致。当午夜交正子时，新年钟声敲响，整个朱家角大地上空，爆竹声震响天宇。在这"岁之元、月之元、时之元"的"三元"时刻，屋内是通明的灯火，庭前是灿烂的火花，屋外是震天的响声，把除夕的热闹气氛推向了最高潮。大家放完爆竹回到屋里后的第一件事，就是拜天地、迎神、祭祀祖先。

朱家角还有个特别的习俗，每到大年初一的早晨，镇上男女老少都要喜气洋洋地结伴走遍所有的桥。在他们的眼中，这些平日里静悄悄连接古镇街道的坚固建筑，在新一年的开始，会带给他们最稳妥最实在的庇佑。所以，每一座桥，都承载着水乡人最朴实的希望。

走过放生桥——长命百岁，走过平安桥——平安如意，走过永丰桥——永葆丰收，走过泰安桥——国泰民安，走过福星桥——福星高照，走过永安桥——永远安康……大年初一，跟在老人身后，听着故事，带着祝愿，把镇上大大小小的石桥踏遍，应该是一件很有趣的事吧！

每到春节，平日里宁静的朱家角，热情似火。城隍祭祀，是新的一年热闹的开始。朱家角城隍庙祭祀由来已久。庙里除了供奉关公等"知名"神像，还有杨老爷、二太子等本地俗神。在这些民间俗神的身上，没有得道成仙的怪谈，也鲜有说教意味，乡民们珍视敬重的，是救民济世的大情怀。所以，新年时节，镇上的人们，会在能主道士的带领下烧香拜祭，进行盛大的新年祭祀。如今的祭祀，也不再夹杂旧时的迷信意味，已经成为当地艺文民俗和怀旧活动。祭祀结束，水乡还有盛大的社戏演出，旧时也叫娱神戏，也带着浓浓的祈福色彩。过年的精神暖意，让春节的社戏更显

看社戏

年初一早晨,人们喜气洋洋地走过放生桥

元宵节灯会

生命力,而观祭祀看社戏的固定节目,又为朱家角增添了独特的年味。

　　接了财神之后,很快就到正月十五元宵节了。元宵节,又称"上元节"或"灯节",俗称"正月半"。是日,家家户户要磨糯米,吃"团子"和"糊涂羹",寓平平安安之意。是夜,有盛大的闹元宵活动,家家都会请灶君神,祈求终年平安,同时还需祭祖,收拾祖宗遗像和供品、供桌。至此,一年一度的"新年"方才完全结束。

风味独特的崇明年糕

陆茂清

不分贫富过年都要蒸年糕

吃年糕是中华民族新春佳节习俗之一,盖因"糕"与"高"谐音,年糕寓意年高年年高。而崇明的年糕,较之别处,显得更高、圆、厚、重。

崇明年糕统称"笼",一笼年糕的主料为20斤左右的米粉,其中糯米占七八成,白米占两三成。加适量水,拌入糖及枣子、核桃肉、栗子、蜜饯等配料后,盛在竹木制成的蒸笼里蒸。蒸熟了倒扣出笼,重约30斤,高20厘米以上,足够一家人从岁末吃到年初了。

然而,自古以来,崇明岛上虽有"每逢岁末年终,家家户户蒸年糕"的民俗,但由于贫富悬殊,各家年糕的质与量就大不相同了。

富贵殷实之家年糕蒸得多,或成双二笼,或连中三元不等,拌入的配料高档,如蜜饯、猪油、枣子、核桃、栗子、榛子,称之为百果年糕。

平民百姓大多一家一笼,仅以自家种的赤豆作配料。家境差些的,就靠平日里节省下的米做年糕。实在太穷的,就两代甚至三代蒸了一笼分食,也有与邻居合蒸一笼的;糖买不起,就以糖精代之,甚至蒸淡糕。吃不起米糕的,就磨白玉米粉或高粱粉。总之,年糕是一定要蒸的。

崇明的传统习惯,年糕要吃过年,从年底吃到新年里,这才应了"年年高年年有余"。

大年初一的早餐,千家万户吃的就是年糕酒酿汤,俗称"酒瓣糕丝"。将年糕切成2厘米见方、长10厘米许的丝条,方便保藏食用,故名"糕丝"。

又圆又高的崇明年糕

"二月二吃撑腰糕",这是岛上关于年糕的又一个习俗。《崇明县志·风俗卷》载:"二月二日,祀土地神,吃撑腰糕。"祖上传下来的老话,吃撑腰糕能使腰板硬朗有力气(崇明俗话"有力气"谓身体好)。民谣亦云:"吃了撑腰糕,一年到头毛病少。"所以想方设法留一点糕丝,到二月初二食用,滋味如同刚出笼时。

年糕蒸"生"了一年不吉利

年糕寓意"年高",谁个不企盼?每户人家都希望自家的年糕"呱呱叫",所以蒸年糕时最忌一个"生"字。假使夹生了,一家老少视为新年不吉,心事重重,事事处处小心谨慎一整年,直到下一个新年蒸出了称心满意的年糕后,方释重负。

为了年糕包熟不夹生，至今在崇明乡村仍保持着互助合作的老传统。一个宅子甚至一个组的村民，约定日期，集中在一处蒸糕，由大家信得过的几个男子汉作最佳组合。在"把作"（蒸糕总指挥）的指挥下，他们能恰到好处地把握各个环节，诸如拌粉干湿、加糖多少、锅里水位高低等，不容稍有疏忽，不然就会出纰漏。如粉太湿，糖太多，糕难蒸熟；又如锅子四周的垫子必须铺得平正均匀，不然会漏气糕生。

笔者记忆犹新，20世纪60年代末蒸糕时，轮到宅上叔伯阿嫂的那笼了，初时倒还正常上粉，后来上得越来越慢了，有碗口大一块的米粉老是不变色（熟）。"把作"的脸色变得严肃起来，问阿嫂糯米多少，听回答似是多了。不一会灶上传出了"嘶嘶"声，垫子漏气了，因部分细孔腻结，蒸气上升不畅，便从垫子的缝隙处冲泄而出。

这时全场鸦雀无声，气氛骤然紧张，叔伯阿嫂更是眼泪汪汪。经验老到的"把作"使尽解数：招呼助手搭档，快速堵塞了漏气，又不断用细竹签在夹生的地方往下插，使蒸气上通，上粉也特别慢。花了几乎加倍的时间，糕终于出笼了，只是有一处明显的下陷，但算是熟的。"把作"瞥了阿嫂一眼："算你运气，还可以。"众邻居七嘴八舌说好话："熟了熟了，蛮好。"叔伯阿嫂破涕为笑，话更吉利："是交关好。"（崇明方言，"非常好、很好"的意思）

蒸好糕的另一要点，应是火候了。过年蒸糕须选用上好的柴草，以豆萁加木柴为最佳，火势有力且持久。在灶膛里烧火的"火头军"，也必是老把式，深知"柴少勿发火，多柴勿多火"的经验之谈，能持续烧出旺火，使锅中的水一直处于沸腾状态，蒸汽源源上升，确保年糕顺利出笼。

女人小孩不许进入蒸糕现场

正因为家家户户企盼蒸好年糕图个大吉大利，不知从哪一代传下了老规矩,蒸糕现场上灶的、烧火的、打杂的,全被男人包揽了,女人不许插手,不许多嘴,特别封建的甚至不许她们到场。

对小孩子也是严加封锁,只能远远地看热闹,一靠近便被赶走,因为小孩家口无遮拦,被"把作"视为大忌,假使不听话闯进来"胡言乱语",轻则受训斥,重则"吃生活"。我曾亲见有个小女孩连问几遍"熟了没有",便挨了家长一巴掌。所以一些家长干脆把调皮的小孩反锁在家里,以确保"安全"。

如今,虽然不再像旧时那么迷信了,但在蒸糕现场人们说话还是很注意的,忌讳的话自觉回避,家长也免不了对孩子叮嘱告诫在前。

如今,农村一些地方,保持这一旧俗的还有。前年农历年底,内人去乡下的阿妹家作客,下午,年逾七十的亲家伯伯蒸糕了,对坐在灶屋里闲话家常的姐妹俩说:"去朝南屋楼上吃瓜子看电视吧,需要帮忙时我会招呼你们的。"姐妹俩心里明白,相视一笑上了楼。

时下城镇居民对此也还是讲究的。不过一般都不在自己家里蒸糕了,而是到代客蒸糕处蒸年糕。万一出现生糕,赔是必然的,但一般不要赔钱,即使翻倍也不要,而是要年糕。所以代客蒸糕的业主都预先准备了年糕,一旦出现夹生的,客户拿了现成的回家,心里安适,欢欢喜喜只当是自家的。

崇明年糕走出海岛香溢四方

近年,随着崇明旅游业的发展,崇明年糕也已作为宝岛土特产走出了海岛,广受八方宾客的青睐。

如今,城桥、堡镇、陈家镇等集镇,都已有了现蒸现卖的崇明年糕的门店,如"陈静糕团店""天净食品有限公司""自家屋里"等。这些门店早已突破过年才蒸糕的限定,一年四季,随时都可以供应年糕,而且为了旅客携带方便,还加蒸中笼、小笼。其中"陈静糕团店"生产的崇明年糕,还被崇明森林旅游节组委会评为2005年"明珠湖"杯崇明农家美食节十佳风味小吃。

崇明年糕在吃法上也有翻新,除了传统的隔水蒸、饭锅上烀、洒瓣糕丝外,还有油炸、烘烤、加入葱盐煸炒,益发香甜。

近年来,就连素来讲究吃的上海市区居民,也有不少人开始喜欢吃崇明年糕了。

尤其令人高兴的是,相当多的来崇明安家立业的三峡移民,也爱上了崇明年糕。他们不仅爱吃,还有些人学会了蒸糕的全套招数呢。

一年一度的新春佳节又要到了,你若有机会来崇明岛,看一看蒸糕现场热气腾腾的忙碌景象,体验一下一丝不苟的蒸糕程序,尝一尝刚出笼的崇明年糕的甜香糯软,感受一下崇明百姓在蒸年糕过程中的企盼和喜悦,那将是一件十分有趣味的事情。

过年扯响铃

虎 闹

旧时过年,少年儿童除了欢天喜地放鞭炮外,第二桩乐事当属扯响铃。

响铃是一种竹子做的玩具,分双铃和单铃两种。双铃由两个空心留孔的扁圆柱体中间接根带凹槽的短轴组成,单铃则仅有一个扁圆柱体。扯绳是扯响铃的工具,即用两段小竹棒连上一根1米多长的掌鞋线。最惹孩童喜欢的应是响铃扯动旋转时的鸣叫声,那如同飞机运行的声音,很响也可传得很远。

在过去,沪上每逢岁暮,老城隍庙(今豫园)和新城隍庙(今连云路一带)均备足了各色响铃,响铃两端照例贴上大红商标,商家总将其垒得老高老高。有些广告意识强的老板还会特制一只巨大的响铃,悬在店门口的旗杆上,以吸引过路客。在我儿时的记忆中,响铃的档次似乎要高出鞭炮和兔子灯一筹。

每当响铃上市之时,我家住的石库门弄堂里还会闯进个与城隍庙"别苗头"的人物。此人驼着背,挑起副装满响铃的担子,趁农闲从乡下来沪,穿街走巷挣些活钱。神奇的是,他能肩挑扁担腾出双手扯铃。所以他人尚未到弄堂口,小伙伴们早已闻得那嗡嗡作响的扯铃声了。

驼背在弄堂内找个稍稍开阔的场地,开始耍起那绝活,功夫绝不输给杂技团的扯铃高手。只见他时而将铃儿弹向空中,再准确无误地用扯绳稳稳接住,时而又把响铃竖在手中的小竹棒上转动,博得满堂喝彩。驼背生意做得很活,只要你买他的货,便可当场免费接受"技术培训",不仅教你如何牵绳扯铃,还让你实习空中接响铃的技巧。在"培训"阶段,即便是

石库门前扯响铃

年味 乡愁

响铃没接住,失手摔成哑巴,那也没关系,坏了算他的,驼背离开弄堂时,会换给你只满口鸣叫的响铃。他生意红火的另一原因是,城隍庙每只卖1元,他只卖8毛。

新年里,小伙伴们放完鞭炮后,紧接着又聚在一道,各人扯起自家的响铃。顿时,石库门外成了闹哄哄的飞机场,轰鸣声此起彼伏没完没了。有时,同伴们还要玩出花样来"别苗头"。起初只比谁家铃儿扯得响,一阵子新鲜后,继而就比谁的技巧高、花头透,最后总归少不了空中飞铃。争强好胜的结果,当然是以扯绳接不住空中响铃而告终。

尽管年年有不少响铃被摔坏,常有孩童哭丧着脸跑回家去,但小伙伴们的这档子把戏却年年照旧。

大宅门里忙过年

孙曜东 口述　宋路霞 整理

过去一些大家族过年，主题跟一般老百姓家没什么大的两样，主要也是吃喝玩乐、祭祖宗、保平安，祈求来年一帆风顺。所不同的就是有一些不成文的讲究和习惯，吃什么、穿什么、做什么，都有一定的程式，与该家族的经济条件和传统地位有直接关系。现在想来，也算是上流社会的一道生活风景吧。

首先是吃的和穿的花样多，讲究多。过去有一句老话："三代为

老上海的年画摊子

宦，方知穿衣吃饭。"此话虽然说得绝对了点，但也说明了官宦人家的规矩大。

忙年事从腊月二十三开始

我们安徽寿州孙家是从北方南下的大家族，虽然从19世纪末就已经到了上海，但若干年来仍保留了不少北方的习惯。说过年，实际上从腊月二十三就开始忙活了。有个顺口溜，人人会背："二十三，糖瓜粘；二十四，扫房日；二十五，银钱数；二十六，打年肉；二十七，要杀鸡；二十八，白面发；二十九，买香斗。"到了大年三十万事俱备，就吃团圆饭过大年了。

"二十三，糖瓜粘"，这是指腊月二十三晚上的祭灶。南方习惯在二十四，北方则是在二十三，而且是男人祭灶，女人拜月，男人是不拜月的，也闹不清是什么道理。为什么要"糖瓜粘"？因为祭灶是送灶王爷上天的日子，怕灶王爷在玉皇大帝面前把家里的坏事汇报上去，所以要用有黏性的糖果、食品如姜米条（上海人叫油枣）、麦芽糖、炒米糖、沙琪玛、冬瓜糖之类把灶王爷的嘴封上，叫他"上天言好事，下界保平安"。这当然是一种迷信的说法，但亦可见弄虚作假古而有之。然后把厨房里旧的灶神年画烧掉，换上新的，贴在厨房的佛龛里，以求保佑来年丰衣足食，有米下锅。这个风俗南方北方都有。

"二十四，扫房日"，这是指年前来一次彻底大扫除。这个大扫除不能随便扫的，必须有定日，否则就把财气扫掉了。比如大年初一是绝对不能扫地的，地上的垃圾都被视为银子，扫地就破了财了。

"二十五，银钱数"，这是一年的经济账目最后要结清的日子，该收的要收上来，该清还的要清还。清了账，账房先生们一身轻，便可以安心过年了。凡是管收租的账房（一般都由自家亲戚或本家担任，都是老爷的亲

年画中的大宅门合家欢

信），交完账总有一份不错的奖金好拿。

"二十六，打年肉"，就是办年货。其实年货早就在办了，这一天应当是办得差不多了。那时一般中等商店老板的家庭过年都要宰一口猪，杀几只鸡。大家族办得更多。除了自家采购，乡下的亲戚也会送来很多，有的送几只咸鸭子，有的送来几百只咸鸭蛋。送一条火腿就是上等礼品了。那时火腿三元钱一斤，一整条火腿几十元钱，差不多相当于银行里普通行员一个多月的工资了。

在上海住得时间久了的大家族，沾了不少洋味儿，年货中不仅有土货，还要备上不少洋货。因为人家来送礼，你要答礼呀，你家这么有钱，总不能拎一篮咸鸭蛋回礼吧？所以一到过年，南京路上不仅三阳南货店、邵万生等老字号里生意兴隆，永安公司、大新公司的生意也特别好。那时的永安公司不像现在光卖穿的、用的，那时是综合性的大商厦，什么都卖，进口食品非常多，洋罐头糖、听装饼干、干果、葡萄酒什么都有。大户人家起码要开了小货车去拉一车回来。永安公司老板这时总是衣衫整洁，满脸笑容，对这些大户都是亲自出面接待的。买回来的东西堆在一间储藏室里，有的自己吃，包装考究的要送人。

家里好吃的东西多了，大人们忙了，对一些细节就管理不严了，调皮孩子就可以乘虚而入。看见储藏室里来了很多平时没吃过的新鲜玩意儿，比如进口的听装糖果点心，小兄弟就溜进去打开来吃，吃完仍把盖子给盖好。大人们要拿出去送人时，一看东西已经空了，知道是孩子们干的坏事，但是大过年的又不好发火（过年大宅门里谁也不许发火，这叫"和气生财"），只好强压怒火。而等到年一过，大人们又要去忙他们的正经事情，早把这码事儿给忘了，也就糊过去了。这是男孩子的淘气，我们小时候都干过，不光是因为馋嘴，更主要是为了好玩，看着大人们一脸疑惑、有火不能发的样子，背地里笑得肚子疼，因为平时孩子是无法对抗大人的。

"二十七，要杀鸡"，是指在家处理年货。杀鸡宰羊，腌鸡风鸡，都在这个时候。

"二十八，白面发"，那是做年饭，要把正月里全家一个月吃的东西都准备好，好在是冬天，东西不大会坏。北方多吃面食，这是厨房里一年最忙的时候，包子、馒头、烙饼、饺子等都要做好，鸡鸭鱼肉样样齐全，因为正月里大家都休息，到了吃饭时就把年饭拿出来热一下就行了，不大正经开伙仓的。

"二十九，买香斗"，是指要买好过年祭祖宗的供品和其他杂项。这些东西是要到三马路的专卖店买的，主要是香、蜡烛和爆竹。灯笼不用每年买，家里常年有备用。大香斗是一支胳膊粗、一米多高的香炷，由很多细香捆成，插在一个大花盆里，可以从早点到晚。另外还要买祭祖宗时"五供"上用的小把的香和蜡烛（"五供"是供桌上的祭器，中间是一只钟鼎式的香炉，两边各一只蜡烛台和一个插孔雀毛的花瓶，花瓶里有时也可以插蜡梅和天竺）。买了香斗回家，就要把祖宗像挂起来了，挂在祖宗堂里，晚上长辈带头祭祖。祖宗像又叫影像，其实都是画像。从腊月二十九开始，每天有人按时去上香。

帽子、鞋子虽是小件却很要紧

当然，要上街买的东西还有很多，包括穿的衣服和戴的帽子。帽子和鞋子虽是小件穿戴，但是很要紧，很讲究。那时家里来了客人，先看你一双脚，看你穿的什么鞋，得体不得体，一下子就能看出你人上品不上品。如果鞋子穿得不对，上面衣服看也不要看了，肯定不上品的，那就用不着高待你了。大宅门里的这一套一般人是摸不着头脑的。人家不熟悉你的路数，就无法讨你的好。

还有戴帽子，讲究人家是到三马路的马敦和鞋帽店去买的。那是一家老字号店家，专卖缎帽、呢帽、毡帽，还卖各种皮帽子。过年时一般都是黑缎子的瓜皮小帽，上面钉个小红疙瘩，身上穿一件黑缎子马褂，再小的男孩儿也是这样。上一辈人如我父亲，过年是戴水獭皮的毡帽，俗名叫"三块瓦"，是用三块皮子拼做的。脑门到后脑勺一块，两旁边各一块，白天可以翻上去，若是天冷出门，两旁边的可以放下来护脸。更讲究的人则戴一种叫海龙的皮帽子。海龙是生活在西伯利亚地区的一种小动物，整条的皮子有两尺来长，毛是深紫色的，但是毛的尖尖头部分是白色的，俗名叫"银枪"，好像在皮毛上洒了薄薄一层雪，极为典雅好看。这种帽子不仅非常暖和，还不沾水，也不沾雪，雪一落上去就滑落了。这是最考究的皮帽子，价钱很贵，抗战前就要卖一两千元一顶。至于用海龙皮制成的皮大衣那就更贵了，而且货色极少。我在上海这么多年，仅看见过一件。

至于买鞋，我们是到先施公司后面的浙江路上嘉禄鞋店去买的。那是一家最有名的高档鞋店，不卖棉鞋，专卖男士的黑缎鞋，三块钱一双。至于女士们的绣花鞋，一般人是到三马路小花园去买，而真正考究的人，是叫人上门来定做的。那时有个背着包袱专跑大公馆的人，专门揽大宅门里的生意，为夫人小姐老太太定做绣花鞋，大家都叫他"吃素人"（真名不清楚）。他量了尺寸送到苏州，叫苏州的一帮人绣制，做出来的花鞋简直就是艺术品。苏州有个武陵学校，是个专门教绣花的学校。校长姓顾，教出来的学生都是一流好手，绣品上没有一根"拉毛"的线，有一根"拉毛"就赔十双鞋，所以信誉很好，价钱自然比人家贵。人家两元一双，他要三元钱一双。会乐里的名妓也穿"吃素人"定制的鞋，但仅限于富春老六、含香老五、玲华老九少数几人。人太多了"吃素人"也应付不过来，所以只在有数的几个大宅门之间走动。

大年夜小辈成了磕头虫

大年三十的高潮就是辞岁和吃年夜饭。辞岁的主要节目是磕头。在祖宗堂里，由一家中辈分最高的人带头，先拜祖宗，然后祖父母一边一个，接受家里下一辈人和再下一辈人以及账房、管事、师爷、佣人们的磕头。这时候当小辈的简直就成了磕头虫了，有磕不完的头，凡是比你年长的，你都要磕头。好处是这时有压岁钱拿了，小孩子一般是2块银元，运气好时可以拿到10块银元。10块银元就已经是不得了的收获了，因为老太太身边的贴身佣人最多也就拿10块银元的红包。大家族人多，磕头和拿压岁钱、拿红包的节目常常要持续两三个小时，一般从下午四点钟到晚上六七点钟。七点以后才吃年夜饭。

至于年夜饭上吃的东西，自然是花样繁多，除了鸡鸭鱼肉、年糕、八宝饭，十香菜和如意菜是一定要有的。但是我们北方人一般还是吃不过南方人。记得上海著名建筑营造商姚锡舟家里，过年时的"一品锅"就很有名。尽管老太爷平时非常节俭，要求子女也要节俭，如吃蚕豆不要吐皮，碗里的米粒要吃干净，但到了过年那是毫不含糊的。他家的"一品锅"里要放一只整鸡、一只整鸭，还要放上七斤火腿上方。这些东西先放在一个特大的砂锅里煮，煮开锅后撇干净泡沫，放上调料。烧开后放入一个特大焐窠。焐窠里的砂锅下面只放三块炭精，慢慢地"焐"，要"焐"一整天（炭精自然要换的）。这样"焐"出来的"一品锅"，汤都是清汤，鸡鸭火腿都是原样，毫无破损，但是用筷子一戳就知是非常酥软了。味道香醇无比，终生难忘。

当年姚锡舟家住在格罗希路（今延庆路），与我家只隔一条马路。他的儿子姚清德跟我是网球朋友，所以请我吃过他家的"一品锅"。我想他家过年一定比我家还要复杂，头磕得一定还要多，因为老太爷有八个儿子十二个女儿，这些儿女有上百个后代，光磕头就不知要磕到几点钟，吃年夜饭恐怕要到八点钟以后了。

国民政府曾下令废除春节

许洪新

1930年底，南京国民政府颁布过一道废除春节的命令。令云：民国元年（1912）已颁令废除旧历，以公历为国历。为认真推行国历，今起废除春节。这道法令规定1月1日至4日为新年假，凡传统于春节期间歇业超过4天的行业、企事业可以移延，但严禁在春节中休业。传统的年节活动相应前移：12月15日为年前扫除日；12月31日为除夕，举年夜宴；1月1日为新年正日，举行春宴；1月15日为元宵节，是日"打年锣鼓，游市上灯"。

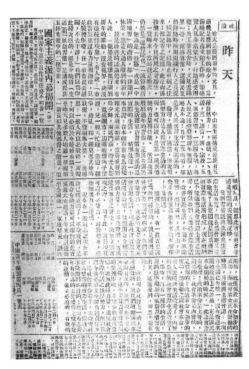

《民国日报》刊登批评废除春节的社论《昨天》

随即各省市相应成立"推行国历新年筹委会"，对新的年节礼仪作了一系列具体规定与安排。如上海，将12月31日除夕夜定名"祖先纪念礼"，规定仪礼为：中堂悬祖先像，前供香花；合家肃立像前，向祖先像行礼；家长向祖先像献花；家长报告，说明纪念意义，使全家了解一年所得，并述历代先祖训诫子弟的遗训逸事；行辞岁礼，以尊卑长幼为序向尊长鞠躬；年夜宴。元旦日为"新年礼"，仪礼为：中悬孙中山像与国旗、国民党党旗，侧悬祖先像；是日上午，全家肃立于前，向孙中山像等鞠躬，向祖先像鞠躬；家长训词，勉励家人在新的一年中努力工作与学习；行贺年礼，依尊卑长幼向尊长鞠躬拜年；赐恩物，由尊长向卑幼赐财礼、食品、文具等；举行春宴。

为确保法令实施，国民政府命各报大力宣传，各机关、学校传达贯彻外，还通过各省市社会局、教育局和公安局采取各种行政措施。如禁止印刷、出版和销售旧历历书历本，禁止报刊附印旧历，学校调整寒假时间；邮局自1月15日起停止收受投发贺年片、贺年电；工厂对旧历春节期间上班者支付双薪等。为此，上海专门印制了上万本新历和新春联，由各区党部分发；还提出了"过一个革命化新年"的口号，强调"党政军各机关工作人员，更要以身作则，为全民倡"，如有违犯将予处罚。12月28日，举行"推行国历演讲大会"，请出了革命元老、学界耆宿蔡元培，发表"国历远胜阴历，各界应切实奉行"的演讲。

此令一出，貌似雷厉风行，但几千年延续下来的传统岂是一纸命令就能废除的？民间消极抵制不说，各级官员也敷衍其事。以上海为例，头一年花了大力气组织了庆祝大会、灯会等许多活动，似乎还像回事。但到了旧历年时，各家仍偷偷过年，除夕那天鞋帽店拥挤不堪直至半夜，因为新年戴新帽穿新鞋乃吴地旧俗。1932年初，则适逢"一·二八"抗战，愤激与惊惶占据了人们的心头。1933年起，有组织的活动已渐渐销声匿迹，民间庆贺年节又复萌。到后来，除报纸不附印旧历和春节期间不停刊外，一切如故。

国民政府的这道命令，当时就引来了各方的批评。《民国日报》于1931年2月18日，即旧历之正月初二，刊发社论《昨天》，在历数了上海街头"锣鼓声、爆竹声，又到处显露着度岁的色彩了"，"一些私立学校依然放假

到了旧历年时，民间仍在偷偷过年

数天"，"内地的学校更视国府明文为废纸"等事实后，明确指出："废历系社会实际生活所形成……，想用命令和宣传力量，去革除废历，实系违背事实之奢望，决无立即实现之理。"这种"用命令的力量"革除旧历，"实系最大的错误"。1937年刊印的民国《川沙县志》也曾评说此事"农工商界积习已久，尚难强以遵行"。

"一·二八"战火中苦熬新年

张鸿馨

1932年2月6日是春节。那时,我还在牙牙学语,尚未记事。尔后的许多年里,我常常听到伯母、母亲和兄姐讲述这年春节前后发生的事——那是全家人记忆中最悲苦的一个新年!

闸北家园　生活安宁

我老家在今闸北公园和中山北路之间的和田路裴家桥自然村。族里家家有人在市区租界工作,自行车早出晚归。家宅前有菜地,后有竹园,蔬菜基本自给。蓝天白云之下,生活平静安宁。

上海本地有春节蒸糕和做甜酒酿的传统。做酒酿比较简单,把酒药均匀地拌在蒸熟的糯米里,用棉被包住盛器保暖。两三天后,酒香逸出,孩子心急,悄悄揭开棉被,先尝为快。蒸糕则是一件大事,选用上好粳米,

老上海做蒸糕的木制模具

如薄稻等，用石舂捣米成粉。蒸糕那天，平日烧柴草的大灶改烧树柴。灶肚里劈劈啪啪，灶面锅水沸腾。动作敏捷的伯母和母亲轮流操作，手抓米粉，一层层均匀地洒在蒸桶里。沸水层层润湿米粉，待到适当高度合紧桶盖，再施以强火，片刻即糕香扑鼻。翻转蒸桶，一块米糕落在桌面的垫布上，热气腾腾。糕直径约一尺，厚约一寸半。每次蒸糕，不下十块，除自家食用并招待拜年客人外，还要送一些给市区亲友。

年初一早晨，桌上一只蒸笼里铺上三四层切成薄片的蒸糕，半张扑克牌大小，厚度不足一厘米，蒸得软软的，稀疏点缀着去核的红枣黑枣，色泽鲜明。围坐在方桌四周的兄弟姐妹面前都有一碗酒酿圆子加水潽蛋。淡淡甜味的糕，烫嘴的酒酿，正吃得热乎乎的时候，祖母开始分发压岁钱。她笑吟吟地说："今年全家高高兴兴，团团圆圆，甜甜蜜蜜！"

手拎蒸糕　逃入租界

1932年1月28日，已是农历十二月二十一日，蒸糕大事完成。祖父高兴地盼咐两位媳妇，明天开始准备年夜饭菜肴。本地至亲之间有相互请吃年夜饭的旧俗。

谁都未曾料到，当晚风云突变。夜间，远处隐隐传来几响枪声，稍息，疏疏密密又一阵子。祖父在庭院中站了片刻，镇定地告诉大家："枪声是从东边传来的，没啥，没啥。前几年北伐军打孙传芳，砰砰砰一阵子不就完事了！大家都去睡吧，明天再说。"这一夜，全家在不安中度过。

1月29日清晨，枪声仍不停，祖父心神不定，找来几位老兄弟商议。祖父是清末秀才，几位爷爷辈也是进过私塾多年，他们是经常聚首议谈的族人。面对突如其来的枪声，有的说，北伐军胜利以来，上海早已没有军阀了，怎么还打仗；有的说，前几天有一个日本和尚被人打死了，莫非又是东洋人借故挑衅？正议论间，族中一位年轻人骑车赶回来报信：市区已

难民们通过铁栅门涌入租界

有号外急报,昨晚日军突然从虹口向我闸北驻军进攻,中国驻军正在奋起抵抗。年轻人又说,宝山路上已有老百姓向公共租界方向逃去!

全家人请求一家之主的祖父早拿主意。老人家却说:"你们都去二姑妈家避一避。我留下来看门,不能丢下家不管!"全家再三求祖父同意一齐走,他又执意先把一些铜壶锡器埋藏起来。人多土松,一鼓作气,很快在菜地一角挖出一个坑,七手八脚,将所有的铜茶炉、铜香炉和锡烛台统统放入坑里,回土盖满坑顶。也难怪祖父会做此决定,这些都是当年最值钱和最能表明门第身份的祭祀器物。

祖父认为,日本人是欺软怕硬的,有了十九路军抗敌,要不了几天,即可把日本兵压下去。因此他关照,现在是冬天,可以不带换洗的衣服,女眷各自带上细软,同时要把所有的蒸糕带走,好让姑妈家少烧几顿饭!

就这样,全家三代十二口人,兄姐轮流背我,沿着今西藏北路匆匆逃到北站。宝山路河南北路路口，人山人海，扶老携幼，挑着箱，提着包，唯独我家人手拎蒸糕。过了铁栅，进了租界，安全有了保障，可同胞成了难胞，大批难胞露宿街头。

二姑妈住在七浦路河南北路路口，是离闸北最近的亲戚。眼看河南北路挤满闸北逃来的难胞，姑妈正在焦急地等待娘家信息，她喜出望外地接纳了我们全家。姑妈家住的是姑夫家大院中的两间老式平房，租界房租昂贵，住房虽不好，但他家两代四口人，还算宽裕。现在挤了两家共十六口人，就几乎只有立锥之地了。姑妈赶紧从出租店租来好几床棉被和多条长凳。当晚除祖父母睡床之外，其他人一律睡地铺。

饥寒交迫　迎来新春

严冬腊月，地上方砖寒气逼人，冷冰冰，硬邦邦，半夜里腰酸背痛。白天，放下叠起的长凳，人挨人排排坐。苦中作乐，家人们还开玩笑："白天荐头店，晚上沙丁鱼。"旧时，介绍保姆的中介场所称为"荐头店"，农家妇女排排坐在长凳上，等待雇主前来雇用。晚上，地铺上被连被、人挨人，活像罐头沙丁鱼。但比起露宿街头的难胞，真有天壤之别，大家也知足了，没有丝毫怨言。

煤炉太小，人口众多，只能吃个半饥半饱。祖父真有先见之明啊，蒸糕这时成了补充食品，一小块，一小块泡在开水中充饥。这年的年初一，兄弟姐妹挤在一起，却没有糕香，没有酒酿甜，没有丝毫的欢乐，有的只是饥饿、寒冷和惶恐。

糕吃完了，年轻人耐不住饥饿，大饼摊又全让慈善团体包购了，大哥便偷偷地去领"施粥"。排着长长的队伍，人人手中一只碗（或罐头），工作人员从大锅中打一勺稀粥，再从面盆中取几根萝卜干。难胞就蹲在路旁喝了粥，等下一餐再来。谁知祖父得知此事，斥责大哥混同乞丐，有辱门第。大哥不服，顶嘴说："饿了还要什么面子！"祖父大怒，责令其下跪请罪。然而此后，大哥仍不时去领粥，只瞒着祖父一人。他私下悄悄说："亏得在姑妈家挤一挤，不然只好睡马路，还不是全家领粥去！"

迭遭劫难　痛失亲人

"一·二八"当晚，祖父因在庭院中站立而受了风寒，有点咳嗽，后来发展到食不甘味，寝不安宁。一天，北风劲吹，从闸北飘来铺天盖地的黑灰，闸北发生大火了！祖父惦念老家，非要去铁栅附近观望闸北情况，可走了不足百步，可能吸入了黑灰，呛咳不止，还吐了几口鲜血，只得回家来。

后来听说那些黑灰是日寇焚烧宝山路商务印书馆印刷厂和东方图书馆所造成的，几十万张印刷纸版、四十多万册珍贵书刊化为灰烬。大火烧了三天三夜，黑灰远飘至南京路。祖父闻讯，怒不可遏，大骂："东洋人就是倭寇，强盗放火，杀不可赦！"又说："蔡廷锴是戚继光，十九路军人人是戚继光，杀他倭寇回不了东洋！"家人安抚不了老人的激动，"强盗、强盗"骂声不绝，咳嗽不止，终于在一次大吐血后，卧床不起，没几天就离开了人世。我父亲当时在外地，奔丧不及，伯母和母亲变卖首饰，匆匆办了祖父丧事，棺材暂厝于一家会馆里。

失去了一家之主，忧伤笼罩全家。偏偏祸不单行，因人多屋窄，一人患了"重伤风"（今病毒性感冒），几乎无人幸免。伯母有个小女儿，也是我的三姐，聪明漂亮，对人最体贴。人多用水也多，她总是抢着去老虎灶泡开水。有一天她不慎打破了暖瓶，她被烫伤了脚，静静地躺在地铺一隅，不哼也不叫。没想到她发起了高烧，可能是伤口感染了，退热片无效，昏迷多日，求医无门，我那可爱的三姐就这样悄然无声地走了。全家人痛哭不已。伯母更是呼天抢地，天天去会馆哭女儿，闻者无不动容。

直至3月底，战火平息，我们才回到了满目疮痍的闸北老家，只见家里房屋已被炸掉了大半。蓝天依旧，人事已非！两个月前离家时，尚有十二个人；在租界过了一个凄苦的新年，回来只剩下十个人了，国恨家仇，血泪斑斑，永远铭刻在我们一家对于新年的记忆中。

守岁喜见孔明灯

沈晓阳

1945年初春,上海的天气很冷。那年的春节,我们全家7口人是在南市小西门平民区里度过的。

除夕一大清早,母亲把姐姐叫起来到附近集市上去买菜,准备晚上的年夜饭。当时我只有12岁,跟祖母一起带着7岁的妹妹和5岁的小弟弟,在家里守候。谁知这个春节,竟是我的这个名叫"咪咪"的妹妹过的最后一个年。就在那年春天,她因捡食了泔脚甏里的馊菜饭,得了暴发性痢疾,一夜间不治身亡。7时许,母亲和姐姐拎了满满一筐青菜和10斤米回来。全家看到这袋颗粒饱满的青浦大米都非常高兴。母亲说:"8年了,东洋人打仗,全家一天三顿吃杂粮都吃厌了。刚才跑单帮的拿来20斤大米,我买了10斤。大年夜我伲烧猪油菜饭吃!"

傍晚,一大锅香喷喷的猪油菜饭已经烧好了,捂在饭窝里。母亲又烧了4只菜,分别取了个美名。一只笋干烧肉,名曰"节节高",一只油氽虎皮蛋,名曰"金元宝",一只干豆角,名曰"四季青",一只素什锦,名曰"八宝菜",另加一锅豆腐菠菜羹,名曰"翡翠白玉汤",都是家乡风味的菜肴。为准备这顿年夜饭,花了父亲半个月的薪水。

夜幕渐渐降临。屋子里燃起两支蜡烛和一盏素油灯,窗子上挂起一床旧毯子来挡光,因为日军司令部早就在大街上贴出布告:春节期间实行灯火管制,不准燃放烟花、爆竹。当时日军已在太平洋战场上节节败退。前些日子,美国飞机还轰炸了高昌庙兵工厂。

这时父亲从学校赶回来,往日里他总是面带笑容进屋,今日却沮丧着脸说："刚才乘24路电车到老西门下车,一摸口袋,发现刚发的一个月的工资被小偷扒走了。"他解开长衫钮子,小襟旁的衣袋下端,被扒手用刀划了一道两寸多长的口子,衣袋上还留下了血迹。母亲叹气说："下个月日子没法过了。大年三十被窃,真晦气!"全家人刚才的热乎劲儿,就像被浇下一瓢冷水,都沉默无声了。这时祖母在一旁规劝道："丢钱不要紧,破财消灾,只要全家老小平安。我看这顿年夜饭还是要开开心心地吃,下个月一家人的开销,过了年再想办法吧。"于是,大家一起动手抬桌子、搬凳子。

由于去年的除夕祖父在绍兴老家病故,如今刚满一周年,按照习俗应先祭祖再吃年夜饭。祖母将事先准备好的祖父遗像挂在屋中央的墙上,桌前供着灵位、香烛。母亲用两只盛满饭的碗扣在一起,然后将上面一只碗揭开,饭上再笔直地插上一双筷子。供桌上还放了几碟水果和点心。这是我第一次看到给死人供吃的羹饭。接着父亲在祖父遗像前鞠了三个躬,手拿一份祭文高声朗读起来："先父灵前,吊之以文。去岁今日,与世永诀,年近八旬。深知吾父,毕生艰辛,奔波劳碌,辛苦耕耘,呕心沥血,创家立业,俭朴忠信,处世有道,克己恭人。至生吾辈,爱护如珍,扶养教育,严格认真。无奈国破,流落他乡,世道险恶,生灵涂炭,生存艰难。先父如九泉有灵,保佑我等儿孙一家平安康宁。今备薄酒,来尝来品,呜呼哀哉,尚飨!"父亲念完祭文,将叠好的锡箔元宝倒在一只铁盆里,用火点燃烧尽,然后浇上一杯黄酒。全家老小均依次在祖父灵前磕上三个响头,祭祖结束。

我拉着父亲衣袖问他,刚才祭文最后一句"尚飨"是什么意思。父亲回答："'尚飨',就是请先人吃饭。"我指着弟妹们说："他们早就喊饿了,我们大家都'尚飨'吧!"这句话逗得大家都捧腹大笑,一家人气氛顿时活跃起来。

此时,四菜一汤都已上齐,全家人围坐在一张圆桌上开始吃年夜饭。母亲用蓝边大碗给父亲、姐姐和我每人盛了满满一碗热气腾腾的猪油菜饭,其他人都用小碗盛饭。5岁小弟弟饭吃得最慢，大家都吃第二碗时他才吃完第一碗。当他走到饭锅前添饭时，见锅里只剩下些锅巴，便"哇"的一声哭了起来。祖母一把将他搂在怀里哄着说："宝宝过年了，不哭哦。"她顺手从供桌上拿起那碗羹饭，给弟弟妹妹分食了。此时的弟弟脸上还挂着泪珠，嘴角却露出了天真的笑容。

这顿年夜饭吃了两个小时。饭后祖母走到床边，从床底下拿出一只老式皮箱，在里面找出祖父生前留下的一件灰鼠皮马夹和一只玉佩，交给父亲，叫他过年后抽空拿到老西门当铺里当了，贴补家用。

此时，父亲在大门口贴上了一副春联。母亲、姐姐和我都围坐在油灯盏前，听父亲讲述近日学校里发生的事情。母亲就着灯光做起针线活。父亲从上衣夹层口袋里取出一本《时代》杂志来，这本杂志是从学校的一位美术老师那里借来的。据那位美术老师说，他每天清晨到学校前都要经过苏联领事馆门口，这份杂志就是从苏联驻沪领事馆旁的《时代》杂志社买来的。他还到报栏前看《红星报》，打听苏联红军反攻、解放东欧各国的消息。当时，领事馆门口也有一些外国侨民和犹太人在打听消息。不远处有日本宪兵和汪伪特务在进行监视，由于当时苏联尚未对日本正式宣战，日本宪兵们不敢轻举妄动。据说，红军的先遣部队已进入德国本土与德军作战，不久希特勒政权就要垮台了，小日本的日子也不会长久了。父亲说："学校里那个平时耀武扬威的日本督学，已有好几个星期不见人影了。"我和姐姐一边听父亲讲话，一边翻着《时代》杂志，记得上面刊有朱可夫、华西列夫斯基、伏罗希洛夫等元帅胸前挂满勋章的大幅照片，还有"喀秋莎"火箭炮夜间发射的威武场面的照片，使我们大开眼界。

这时，妹妹和弟弟从外面气喘吁吁地跑回来告诉我们："大街上很热闹，有一盏红灯从东南方向上空飞来，围观的人很多。"于是父亲、姐姐和我找来一架竹扶梯，悄悄地爬上屋顶，果然看到一团如庙门前挂的红灯笼样的火球，从斜桥方向朝我们南市平民区上空慢慢地飞来，然后又朝西北十六铺方向飘忽而去,消失在夜空中。回到屋里,父亲对我们说:"这是盏孔明灯,我小时候在绍兴过年时曾见别人放过。用竹子做框架,外面糊上桑皮纸,里面用煤油棉花点燃,由热气使灯笼升起,能飞好几里地哩!当年,诸葛亮曾用这种灯作信号,指挥打仗。"这时,我脑海里又浮现出这盏红灯,我暗暗地祈祷它能给我们带来胜利、光明、和平与将来美好的生活。这个除夕的夜晚,我们全家人都守岁,直到天明。

年三十夜唱暖台

姚士良

旧时艺人不过年

老朽虚度八十七,甜酸苦辣全经历。
当年唱戏跑码头,夏顶烈日冬披雪。
逢年过节别人事,艺人无年又无节。
家家团圆庆除夕,我与家人挥手别。
年三十夜唱暖台,唱罢暖台年初一。
…………

几句沪剧唱词,道出了跑码头艺人逢年过节的辛酸。说起跑码头艺人,好似生来就命苦,大年夜人家团团圆圆欢欢喜喜吃年夜饭,他们却远离家人,不是在车上便是在船上,赶赴沪郊乡镇各演出场所。不管遇到什么事,碰上多恶劣的天气,也不能误场。有句行话说得贴切:"船头朝北,不管着火烧屋。"意思就是说:就算家中着火,烧了屋子,也不可耽误演出。

大年夜的演出叫暖台,为的是讨个好口彩,明年场场卖个满座。年初一到初三加演早场,一天要演三场,哪还有什么吃年夜饭、过年的心思啊!有时夜场结束后,还要唱翻排(观众点唱小戏)。那些观众在赌场里赢了钱就要摆阔气,一点就是十出。一出小戏唱15分钟,十出就要唱两个半小时,唱得你昏头耷脑,喉咙打结(唱哑嗓子)。直到唱完翻排,天色已渐明，人累得吃啥都没滋味了，拖着疲惫的身子往被窝里一钻，睡得死沉死沉的，就算锣鼓鞭炮响彻云天也醒不过来。这就是我们唱戏人过的年啊！

唱出《哭灵》骂鬼子

1942年的农历新年让我最为难忘。那年我们在浦东南汇县城里演出。年初三那天，日本鬼子强令我们去伪县政府中山堂，为庆祝"日军大东亚战争胜利"演出。我们唱戏人在日本法西斯的血腥统治下受尽苦难，谁愿意为日寇演唱！但能不去吗？在日寇明晃晃的刺刀下我们只得屈从！

那天，怀着满肚仇恨，我们商议着唱什么。大家都想触触鬼子的霉头，不愿唱喜庆吉利的，但又不能被他们发觉，于是决定唱《庵堂相会》《小和尚哭灵》《徐阿增出灯》《朱小天十八押》《陆雅臣求岳母》这五出戏目。

戏目报给日伪方面审查后，他们竟同意了。其实这五出戏中的《小和尚哭灵》，是把光头和尚比作日寇，暗指他们迟早要惨败而死于异国。另一出《朱小天十八押》讲的是朱小天赌场里押青龙白虎，一口气押中十七押，发了横财，但在第十八押上竟一下子输得精光。这隐喻日寇目前虽打了胜仗，可最后将以彻底失败而告终。我们还在戏末加了句台词，朱小天自言自语地叹道："唉！朱小天啊朱小天，我这'老卜头'彻底输光，完蛋啦……"当时场内听到这话便掌声不绝。因为大家都叫鬼子为"老卜头"。"老卜头"完蛋了，大伙当然高兴！

那年我们虽然戏耍了日寇，但别的戏团却没有那么好的运气了。就在年初五的傍晚，来松江演唱的沪剧班子，途中遇上日寇与当地伪军发生冲突，竟向无辜群众开枪扫射。沪剧艺人范灵僧被当场打死，肚破肠流，鲜血满地，惨不忍睹。女艺人丁正娥（丁是娥师妹）手臂受伤，子弹穿过手

沪剧《罗汉钱》剧照（1952年）

掌，也是鲜血直流！

这就是我们跑码头艺人在日伪统治时期的新年里的遭遇！

喜获解放闹新春

新旧社会两重天。在新社会，艺人也可欢庆新年了。上海解放后，我有幸参加发起组建"红旗沪剧团"。为了迎接1952年春节，我们以自己编写的沪剧《罗汉钱》（此剧为沪剧的最早版本），十大年二十夜升始，在南京路店员俱乐部（原新新公司4楼）剧场演出。文化局干部龚义江前来观看后，给予我们不少鼓励和指点，使全团士气大振。

演出结束，我们还一起吃了顿饭。席间，全团演职员工兴高采烈，高唱团歌"我们的团体红旗飘扬，我们的前途万丈光芒"和《咱们工人有力量》等当时流行的歌曲。这桌唱罢那桌又起，歌声此起彼伏，气氛极为热烈，大家沉浸在欢乐的海洋里。吃完年夜饭，我们还搞了场联欢会，各人都拿出了自己的绝活，掌声笑声接连不断，几乎闹了个通宵。

刘猛将与爆米花

薛理勇

以前，上海城隍庙里有一座"猛将祠"，在虹口也有一座"猛将堂"（在吴淞路407弄62号，今已拆除），这是祭祀"刘猛将"的地方。至于这位"刘猛将"是何路神仙，谁也无法讲清楚。有人以为是宋代名将刘锐，有人以为是刘锐之弟刘锜，也有人认为应该是宋朝金坛人刘漫塘。我手头有一册清光绪甲申（1884年）《刘猛将宝卷》抄本，其中说刘猛将是上海骆驼墩人，世居上海城里陈士安桥，幼年丧母，父亲另娶，由于父亲偏信，刘猛将受尽后母的欺凌，但他仍坚行孝道。后来刘猛将经仙人指点，得天书一部、宝剑一柄、甲胄一副，旋即应征入伍，随军西征，屡建奇功，羽化后被玉皇大帝封为"驱蝗之神"。

刘猛将的诞辰是正月十三，这一天江南都要在"猛将祠"或"猛将庙"祭祀刘猛将。由于刘猛将是"驱蝗之神"，蝗虫是庄稼的最大危害，所以祭祀刘猛将实际上是我国农村一个祈祷丰年的传统节日。在民间，人们一般以为鸡是蝗虫的天敌，而在日常生活中，鸡最好的饲料是五谷，供奉刘猛将最主要的祭品自然就是米。由此形成这一天最主要的民俗活动——"爆孛娄"。

宋范成大《上元纪吴中节物俳谐体三十二韵》中有句云：

> 捻粉团栾意，熬秫孛娄声。

作者原注："炒糯谷以卜，俗名'孛娄'，北人号'糯米花'。""上元"

營業寫真（六十二）

賣米花球（頌）

米花球圓丟丟糖漿拌成加豬油小孩見之作咳拍一拍粉碎便下喉孩拍球煉眼目華孩拍球貪口腹嬉戲相同貪不同貪吃誑孩由舐犢

《图画日报》中的"卖米花球"（米花糖）

即正月十五的元宵节。古代上元是重要节日，一般从十三上灯开始至十八落灯结束，共六天。"稃"是谷麦种子外面一层的硬壳，就是"糠"。在正月十三那天，人们用带壳的谷子放到镬子里炒，谷子受热爆裂，发出"腷脯腷脯"的声响，叫作"爆孛娄"。炒焦的大麦为"焦大麦"，可以泡茶吃，而炒焦的稻谷只能喂鸡，自然是祭祀"驱蝗之神"刘猛将的最佳供品。

祭祀食品名义上是供神的，而实际上最后还是进了人的肚皮。用炒熟的谷只能祭神，而不能供人食用，这不是有点浪费了吗？于是后来人们用米代谷，也被叫作"爆孛娄"，而现代人则叫作"爆米花"或"炒米花"（上海人讲的"爆炒米花"，"爆"是动词，"炒米花"是名词）。明人李诩《戒庵老人漫笔》收录佚名《爆孛娄》诗，描写相当生动：

> 东入吴门十万家，家家爆谷卜年华。
> 就锅抛下黄金粟，转手翻成白玉花。
> 红粉美人占喜事，白头老叟问生涯。
> 晓来妆饰诸儿女，数片梅花插鬓斜。

"爆孛娄"原是祀神、祈祷丰年的，而到了明代，除了"卜年华"之外，还衍生出更多的意义。根据爆裂绽放的米花，未出嫁的小家碧玉祈祷找到如意郎君，少妇则企盼再添一个大胖儿子，而肩负家庭重任的家长希望能赚更多的钱来养家糊口。

"爆孛娄"初用糯谷，后来也用其他。清乾隆时上海人李行南《申江竹枝词》中咏道：

> 糯谷干收杂禹粮，釜中腷脯闹花香。
> 今朝孛娄开如雪，卜得今年胜旧年。

"禹粮"即古代圣人大禹备荒之粮，通常指可用作充饥救荒的杂粮，这里指的是玉米，即上海人讲的"番麦"或"珍珠米"，其磨成的粉称"六谷粉"（即"五谷"之外的粮食）。以前上海种植的一种"珍珠米"，在镬子里爆炒后会膨胀爆裂，就像今日的美国"哈立克"。到了清代，爆米花已从原来的祭祀食品演变成岁时食品，直到十几年前，春节爆米花还是很流行的。

为了提高米花的口味和口感，爆米花的制作方法、工艺也不断改进。在上海附近的农村里，秋后新谷登场，将新糯米入水中浸透，再放在通风好而没有直接光照的屋檐下晾干成粒状，到了节日里就可直接下锅爆炒，膨胀成米花，也可以用琼糖加热熔化成糖浆，拌入米花后使其粘在一起，再切成相应的形状，这就是"米花糖"。20世纪20年代起，以高压高温加工的"爆米花机"出现后，传统的炒米花方法逐渐被淘汰（今农村仍有存在），街头巷间不时传出的"爆炒米花——响了"，构成上海一幅特殊而又别致的风情画。不过，这种技术近年又被食品加工的膨化机替代，上海人也许只能在电视上再听到爆炒米花小贩的吆喝声了。

崇明"请姑"新历记

王 霖

近闻有民俗学者研究有关崇明"请姑"的习俗,引发了笔者的无限思绪……

上海解放初期,我还是一个八九岁的孩子,那年新春之际,听伯父他们常议论"今年正月半晚上请请九节姑娘"(又称九姑娘、九姑等),闻者无不表示极大的兴趣。以后的几天,小孩都盼着元宵节早日来临,大人们则开始忙碌起来。初步议定,伯父担总纲,隔壁八面玲珑的"海仙伯"(其实是女性,我辈从小称其为"伯")挑起了"沟通九姑娘及参与者对话"的"通灵嫂"重任,场地选定在我家后宅的大客厅内。

为迎"九姑娘" 精心作准备

请"九姑娘",说说容易,真做起来可不简单。除了以上"两职位一场地"外,还得办好几件事。

首先是自制"仙竿"。年初十上午,叔叔带着我的哥哥到城外烂泥地中砍来三根粗细适中的长芦苇杆,选出最耐看且具有韧性的那一根(其他两根留着,以备不时之需),用小劈刀在其九级处截断,剥除芦壳,不用水洗,将其从根至梢剖成对称的两爿,一副"仙竿"就做好了。

然后在伯父指导下,我姐姐在抓头梢两爿芦苇的根梢尖处,扎上几圈红绒线,线头要留得长一点,如流苏般下垂。当天我娘接过这两根抬仙竿,跟随着手捧三支清香的伯母来到后宅内房门的背后(之所以选在这里,是

请姑习俗图

因为这扇门很少开启,环境昏暗又安静,不受噪声、强光的干扰),把两爿芦苇竖放在门后靠墙的角落里。同时关照"这几天小囝不要来此地玩闹,以免打扰九姑娘的来到"。这叫"门后去'引姑'"。

第三件事是选择两名聪明伶俐、面目清秀、年龄在8岁至12岁之间(属虎和鼠的不在其列)的"金童玉女"(简称"两童")。听说最初"海仙伯"曾推荐过我,娘则说我是"活猕屁股坐不住"而回绝了。最后选定的"两童"是比我高两级的同学,正月十三日放学后他俩还来我家接受"海仙伯"的突击训练,用那两根芦苇代替"仙竿",从后厅到内房门口走了个来回,特别强调抬竿要趁势"跟着动"才行。

最后一件事就是布置好"神堂"。好不容易盼到了正月半。晚饭刚过,邻里近亲扛着板凳来到我家后客厅,这里能容纳五六十人,一盏汽油灯照得整个厅堂雪亮,这在当时是很有面子的。大家自觉地围坐成一圈,中间留出一块椭圆形场地,靠北端原就有一张四仙桌,放上一副铜烛钎插着红烛,一只香炉内的檀香已点燃,台上还放着要用的各种道具。初次进入这种环境,让人仿佛已置身于一种虚无缥缈的幻境之中。

空地南端显眼地摆放着两把相向的小竹椅,那是为金童玉女而特设的专座。在场地上张罗忙碌的"海仙伯",即是那唯一能与仙姑对话的"通神嫂"了。

吹起"小开门" "九姑"打招呼

时辰一到,只见"通神嫂"来到场地中央相告:"大家安静下来,等我俚去请九节姑娘。"她先叫出我族中的五六位女眷,跟随着手捧三支清香的她,并由剃头师傅阿兴以曲笛吹着《小开门》压阵,来到后宅内房的门口,郑重其事地取出两只芦苇,嘱咐"两童"抬起,男抬根,女抬梢,轻声自语:"请九姑娘上轿!"然后领着大家鱼贯而出回到厅堂。

"通神嫂"把手中的香插入香炉之际,"两童"便被安排在专座上就坐,并且再一次叮嘱"两童"要"顺其自然";为防"两童"长时间地举竿可能会疲劳,因此关照他们可将双手搁放膝盖上,免得影响正常操作。

一切停当后,"通神嫂"就正儿八经地走入场地,抑扬顿挫地念起了四句开场白:

九节姑娘九节嫂,
一年到头忙碌兜兜空闲少,
今朝请到王家宅,
男女老少勿要闹来勿要吵。

金童玉女上场后,我一直盯着看他俩手中的那两只芦苇,搞勿懂怎么就成了九姑娘。再说谁也不知道她究竟来了没有。嗨!"通神嫂"想得周到,胸有成竹地对众人说:"九姑娘是我们请来的,决不会失约,现在请九姑娘把仙竿夹二夹,再扯个'笛尔风'向大家打个招呼。"

此时全场肃静,我更是连大气也不敢出,整个厅堂的空气好像凝固了似的。隔了足足有半分钟之久(这半分钟实在是太长了),终于看到"两童"手中的那两只芦苇的中间处逐渐靠拢,相互夹紧,发出"啪"的一声响，接着又连夹三次，发出三个"啪"声。人们不约而同地吐出了一口长气。稍停片刻，那两竿的中间处同时向外扩展，成圆形，犹如当时米行里盛放米的竹制器具——崇明人称之为"箔乱"。这就是所谓的"箔尔风"。大家似乎觉得"九节姑娘"真的向大家打招呼了，场上的气氛一下子热烈起来。

人仙问答中　多为烦心事

接着，是让人感兴趣的"人仙"问答，这个阶段分为"通神嫂"初探及到场者问询两步。

"通神嫂"发问："九姑娘今年芳龄多少？一岁夹一下。"

人们清清楚楚地看到仙竿连夹十一下。"通神嫂"当场作解释：喔，原来九节姑娘已经11岁了，正待闺阁之中，尚未婚嫁。顺着话题一转："爱美之心，人皆有之，小姑娘天生丽质无需打扮，待我们为九姑娘锦上添花挂彩巾，戴银饰。"

可是这时候不知哪个环节出了问题，道具没有准备好，"通神嫂"也急得满头大汗。多亏一位叫张姨的急中生智，把自己的彩色手帕交给"通神嫂"，代替彩巾蒙混过关；又从隔壁一个青年手中夺过一只老式电筒，拆下其下端的一个吊环，分别把彩帕及电筒吊环扎挂在"仙竿"上。

这时，场上的气氛空前高涨，众人翘首盼着这次民俗活动的重头戏"九姑解惑"的正式开场。

"通神嫂"又对提问的方式作了说明：各位需提问者先举手，经我许可代言转告，姑娘则以"是非法"来解答。答"是"，就夹三夹；答"非"，则要扯"箔尔风"。

此刻，不少人七嘴八舌竞相提问，"通神嫂"则要求大家遵守秩序依次提问。

有人提问："我俚这个'小棺材'（儿子）今年寻得着娘子哦？"答：XXX。就是能讨到老婆，问者自然欢喜。

一个女人问："这'呒头鬼'（男人）解得脱白粉瘾头哦？"答：O。这是回答戒不掉毒瘾。

这时一个商贩问："我靠贩黄花郎发了点小财，问今年潮汐好哦？"答：XXX。商贩听了，高兴得不得了。

还有一个商人问："十天后我要到南洋去做生意，今年是否顺利安康？"答：XXXO。

正当"通神嫂"解答第四个问题，说这表示你既有顺时也有不顺时，抬仙竿的那男童突然打了个喷嚏，在场者都吓了一跳。男童手中的仙竿也差点落地，导致九节姑娘退场。

幸而"通神嫂"久经神场考验，赶紧对大家说："刚才九姑娘受了惊，大概回原地休息了。只要大家心诚，我可以再请一次试试看。"说着叫我娘及伯母各拿半片芦苇，自己则从香炉内抽出三支檀香开路，还是由笛曲《三转柳青娘》压阵。来到内房门口，仍然把芦苇原样放在门后，不到一支烟工夫，嘱我娘、伯母抬起两杆，又连说三声"请请请"，再次来到厅堂内，把芦苇竿交还到两童手中。

这时，在族中一向说一不二的"三好公"，见吓走了九姑娘，认为那男童"不胎来"，要把其换下场，并指明由我"替补"。可我来了"戆劲"，任他们这么多人前来相劝，谁的面子都不给。结果，大家只得作罢。

"通神嫂"又忙碌起来，为试探是否第二次请到九姑娘，"通神嫂"嘱人备一杯浓茶相敬，将茶杯放在仙竿下方的地上，示意九姑娘，茶喝得过瘾夹三夹，茶不地道就扯个"箔尔风"。

话音刚落，只见两竿连夹六下。嗨！看来这九姑娘的茶瘾还不小呢。众人见了都哈哈大笑，也都安下心来，"问答"继续进行。

对门的沙家嫂嫂相问："昨日我失落一只金戒子，我没有走过远地方，只在宅近边走动过,请问九姑娘应当往哪个方向寻找?""通神嫂"忙作了补充:地区分为东西南北中,以夹一二三四五来代替。

人们别有兴致地大声数着"夹"的次数。当夹到三次时,不知是抬竿者紧张还是芦苇竿不堪重负,竟然把其中半爿芦苇竿夹折了,还好芦苇竿甚有韧性,未曾折断。九姑娘轻伤不下火线,坚持着夹了五下。

果然,第二天沙嫂在自家马桶外档找回了这枚戒指,应了"五夹"代表在"中"部地区。闻者无不叹曰:"这次请来个九姑娘真是神通广大!"

上海本帮婚俗探奇

徐 平

十月金秋，崇明农村。一幢古旧的民宅，正房五间开屋子的大门，几条醒目的喜庆对联墨迹未干。这个四面被河沟隔开的小"城堡"，前头屋（即客堂，中间那间正房）的门槛，被精致的红绸罩着；后门严实地封着，一块巨大的红布像舞台的帷幕似的高悬在门前，上面紧贴着一条印有寿星图案的红绸被面……一切迹象都表明：一个"本帮"婚礼将在这个场地里举行。

川沙一带另有风俗，叫作"哭嫁"，举行婚礼的男方要"下预告"，做预告团子分赠邻里，设酒待媒，于是乡邻们知道，"好戏"还在后头呢。相比之下，女家的气氛不免有些悲悲戚戚。正待出嫁的"浦东大娘子"此时正坐在嫂嫂身边，看嫂嫂缝红绿被，等到一大堆被头缝毕，然后用一大块绸缎被面（也有用土布的）把被头、枕头打成铺盖，这叫作打"被捎"。爷娘把给女儿的被头、土布、衣裳递给哥嫂，由他们一样一样放入箱中，也就是当地人说的"填箱"。于是，母女开始对哭了："娘的宝贝囡，父娘呒没啥东西拨侬囡，委屈伲宝贝囡哉……"不过，这只是婚前"彩排"，真正的哭嫁是在结婚当天，场面可要"壮观"得多了。当地有句俗语："娘家哭得震天响，婆家家当嗒嗒涨"，似乎女方不哭，男方就升不了官，发不了财。

至于一些地区的嫁妆大游行，那就更热闹了。公路上，几十辆装上两轮拖车的自行车队，载着新娘的嫁妆，浩浩荡荡地行进，吸引路上行人纷纷驻足观望。为着嫁妆，为着彩礼，人们不知道要付出多少精力。上海县梅陇乡的新郎，也许是临近结婚的"本帮"新郎中最忙的了。结婚前一天下午，在媒人的指引下，他得挑了"上盘头"去女方认亲。"上盘头"通常装的是公鸡、青鱼、猪腿、大鹅以及干果等礼品，女方招待新女婿的则是茶点。女家媒人当即请男家媒人转告男方有多少嫁妆，需备多少普绳、单杠、落担等。

"一拜天，二拜地，天地始创人世间，现在谢天地。行礼，拜！拜！拜！升！"

"稀奇稀奇真稀奇，陌陌生生做夫妻，谢谢父母养育恩，新婚之夜笑嘻嘻。行礼，拜！拜！拜！升！"

"红绿丝线六尺长，二头牵对新鸳鸯，当中打个同心结，明年就养小鸳鸯。行礼，拜！拜！拜！升！"（"升"是本地土语，即起立。）

像这样三叩九拜行大礼的老式婚俗，在"本帮"而今已经荡然无存了。崇明汲浜乡等地，将这套礼仪改造为新娘新郎向挂在大红布上、绣有吉祥图案的绸缎被面行礼鞠躬。不过，尽管如此，"本帮"婚俗的热闹气氛依然不减。

短兵相接的"迎妆战"

清晨，奉贤某乡，一群拎着贴有"囍"字扁担、篮子的青年，在一座民宅前放响了鞭炮，堂屋内一下拥出五六十人："迎妆人来了！"

此时，女家正把所有的嫁妆放在客堂内，就像办"博览会"似的招徕四邻参观。亮妆尚未尽兴，迎妆的要是急急过早赶到，就不免引出某些不快。依照当地婚俗，迎妆的工具必须分开放置：篮子放在场上，杠棒和扁担靠在柴堆上，女家不招呼，不得入客堂。这群小伙子顿时陷入窘境。他们都是男方的至亲好友，一般别人不愿充当这类角色，因为到女家后忌讳太多，一切行为须听女方父兄指挥，如迎具安放欠妥、人数成单、说话失礼，都要受到指责。女方迟迟不发妆，他们唯一的权利就是敲锣催妆。

过了不少时辰，女家"气"生够了，便自动打破僵局。迎妆者站在门外，新娘哥哥征得妹妹同意开始发妆：先马桶、再铺盖……，这时迎妆者至多只能一只脚跨在门槛里接妆，否则就有"抢嫁妆"之嫌。嫁妆"涨"到（"涨"即抬，取上升之意），小伙子们一路肩挑不得停歇。南汇的迎妆者还必须朝东或朝南的方向跑，半路上不能转手，也不能停，而且要兜远路走，叫"兜青龙"。

饿嫁、哭嫁、"涨"娘家

日过正午，才是迎亲"大部队"开拔的时候。崇明还要举办一场乐队游行：以一个装有各种饰物的活动牌楼（俗称牡丹亭）开道，一队乐手吹打着不同的乐器，结成长龙，招摇过市，向行人宣布，迎亲"大戏"正式开场。

奉贤的新娘这时已经饿了三天——只以蜜枣干果充饥，叫作"饿嫁"。临嫁前，由嫂嫂捧饭碗方能"开戒"。松江一带则由母亲亲自喂饭，以示最后一次吃"娘家的饭"，"哭嫁"从此开场：新娘母亲边哭边告诫女儿怎样做个好媳妇，有的还边泣边唱"哭嫁歌"《十戒训》，新娘滴下泪来，表示不愿离开父母，感谢父母养育之恩。早先，哭嫁歌曾是最风行的流行歌曲，遗憾的是流传下来的已经寥寥无几，即便是文化馆的采风者所知也不多了。因此，目前"本帮"婚俗的"流行色"已是只哭不唱。在崇明农村，还有更奇特的"涨"娘家风俗，即新娘死活赖在娘家不走——说是"新娘越涨，娘家越发"。不少姑娘要"涨"到晚上七八点钟方才罢休，按照当地规矩，新娘"涨"娘家时，新郎只得让傧相放鞭炮催。这样，一个在屋内起劲地"涨"，一个在屋外急急地"放"，浓重的喜剧效果往往惹得轧闹猛的人哄堂大笑。

迎新队伍从"青龙头"（即女家房子的东南面）进宅，新娘上车的规

矩五花八门：奉贤风行由新娘兄弟抱上车；南汇有新娘上车换鞋的习俗；崇明更绝，地上垫着"芦菲"（芦苇轧扁后用来晒太阳的农具），新娘踏着"芦菲"上车。三种做法一层意思：不把娘家的"财气"带走。不少地区还有新娘兄弟送上一程的习俗。奉贤沿海盐民还有"接"的习俗：男方派人在半路上迎接新娘，鸣炮致意，女方鸣炮还礼，表示结束"欢送"。

  旧时，新娘多用花轿迎娶，一些地方还有颠轿风俗，原因是迎妆时女家太苛刻。这股荡气回肠的劲头，丝毫不亚于《红高粱》中的"我爷爷"。崇明县合作乡76岁的老农施鹤苛，甚至还唱得出当年的"颠轿"歌："两手把好，前呼后应。拔脚起锚，羊肠小道。前头看好，当心田埂。放宽一步，平阳大道……"，新娘被颠得头晕眼花，呕吐不止，只得将事先准备的盛灰脚炉踢出轿外，表示服输。这种浪漫的风情，随着花轿的衰落，现在已经无法领略了。不过，我们可以从迎娶车队进入男家后的婚礼高潮，尽情品味"本帮"婚俗的别样风姿。

崇明婚俗趣谈

黄文元　张方平

崇明地处长江口，素来民风淳厚，颇重礼仪，其中婚嫁的礼节尤其繁多。从清代到民国初年，很多婚俗与江南江北的邻县迥异。

一般人家娶媳嫁女，多沿袭先由媒人说合介绍的习俗。媒人，崇明人谑称"瞒人"。当地有一句俗话："听仔（了）媒人口，丫头（女儿）拨仔（给了）狗。"媒人往往把对方说得"花好稻好"，男女青年互不认识，婚姻大事全凭"父母之命""媒妁之言"，往往造成婚姻悲剧。

崇明有个旧习惯，媒人要坐十八个头位，吃十八只蹄髈。一旦做媒成功，除吃喝外，通常可以拿到一笔颇为可观的钱物。当然也有做媒人是为了讨好、拉关系，以后可以"戤戤牌头"的。也有男家、女家由于自己的子女年龄偏大，容貌、智商等有些缺陷，嫁娶困难，不得已而托媒人物色对象的，统称"挽媒人"。为改嫁等说媒的媒人称"二婚头媒人"，亦称"白蚂蚁"。

媒人奔走于男家、女家说合，第一步是要双方的"庚帖"，即年庚八字。与崇明毗邻的江南的川沙、宝山、太仓，江北的启东、海门、南通等县，都是女家先开"八字"，唯独崇明是男家先把红庚帖交给媒人送往女家。双方交换庚帖后，就请算命先生"合婚"，也叫"并八字"，配合天干地支，有什么"夫妻婚""公婆婚""子媳婚"之类的说法。只要没有"冲克"，就由媒人建议双方"定亲"，即订婚，通常称之为"吃小喜酒"。这个过程称为"送庚"。

送庚之后，便是"纳彩"，亦称"定聘"，俗称"押日"。古风六礼旧

旧时崇明新娘乘坐的大红花轿

俗"三通风四节礼"。男方须向女方"送聘"(送礼)三四次,时间在端午、中秋、重阳、除夕。女方收受礼品,就表示答应"拣日(择日)结缡(结婚)"。

举行婚礼的那天,男家庭院中心停着两顶轿子:一为迎新娘的大红花轿,一为新官人用的蓝呢轿子。轿子各有四个轿夫扛抬,前面第一个轿夫叫"顶天立地",第二个叫"不敢放屁",轿子后面第一个叫"乌天黑地",第二个叫"转弯不及"。最前面的扛轿人领唱《扛轿子歌》,以统一步伐。

男家行轿出发时,新官人穿长袍,着马褂,戴礼帽。有当差(仆役)引领坐轿。走在迎亲队伍最前面的是两面彩旗,接着是两盏高灯,还有"导子"8~12人,穿皂袍,戴红、黑高帽,有的手执大铜锣,敲打、吆喝着前行。紧接着是20多人的十番锣鼓和弦乐队伍,后面是穿军服吹军号的军乐队,再后面才是花轿、蓝呢轿子,最后是跟随的当差(俗称"二爷")、随使数人。

迎亲队伍一路上鞭炮喧天，鼓乐齐鸣，向女家进发。途中倘遇地方官的轿马时，地方官也要回避，以示对婚礼的尊重，俗话所谓"新郎大似官"。

女家有"接爆仗"的年轻人数名，见到男方迎亲队伍前来，即燃放爆竹，以示迎接。

一进女家大门，新郎出轿，到大厅稍坐，即有仆役引领新官人拜见岳父母及岳祖父母等长辈亲戚。长辈亲戚都有见面礼赠与新郎，均由当差代为收下。

行过见面大礼后，即大摆筵席，招待新郎。酒席座位，多是新郎朝南坐，两旁各有两人或四人陪伴；也有所谓"品字桌"，新郎一人向南坐，两旁有两人或四人陪伴，左前方、右前方也各有一桌，各坐六人陪伴。

崇明酒席通常是"四海菜"，即八冷盆、四热炒、四甜羹、四点心、四押桌、四大菜。也有"三海菜""两海菜"。最差的是"十碗头"，即四冷盆、六大菜；最好的是"八海菜"。有十六位扦，即摆设香案，鸣锣击鼓，高唱贺词，专人值筵斟酒，菜肴不仅是"四海"的翻一番，而且在海参、鱼皮、鱼翅、淡菜、干贝之外，上全鸡、全鸭，再加鹿唇、熊掌、猴脑、燕窝等高档美味。

欢宴撤席后，新郎命随使犒赏女家的司阍、茶役、厨师、奴仆，大多是红纸包赏银。

新郎告别岳父母等长辈，领花轿回去时，又是鞭炮齐鸣、锣鼓喧天。这时要"抱花轿"，由新娘的兄或弟及喜娘（也叫伴娘、送娘），搀扶着新娘走出房门，踏着用芦苇铺的路，登上轿子。踏芦苇的用意是不让女家财气带到夫家去，也是表示新娘玉洁冰清之意。

有的还在新郎轿前赠一对雄鸡，以喻黎明（鸣）即起，勤劳致富；或一对鹅，用来代雁，喻婚后夫妻暂别，"鱼雁传书"；也有在新郎轿前放一

对头上扎红绸的山羊，意为吉祥如意。

清嘉庆、道光年间，崇明下沙曾时兴过在迎亲途中"颠花轿"的习俗。扛轿人将新娘的花轿颠簸摇晃，轿内新娘叫苦不迭。

"领花轿"回来，翁婆姑嫂要回避，否则婚后互相之间容易发生龃龉。这种旧习，至今在崇明下沙农村仍然流行。

新娘的花轿抬进宅，必先停于庭院中央，等到正厅内点上龙凤花烛和篆字喜香，才由喜娘扶新娘出轿，一步一步踏在袋上（传宗接代之意），走到大厅正中拜堂。

婚礼开始，鸣炮奏乐，由执礼偌（司仪）高唱："两块檀香木，同礼玉手握，跨进千年富，踏进万年华，新官新娘向上踏，行礼保安康。"唱毕高喊："拜！拜！拜！"向天地和三星图行九拜礼，然后夫妇交拜。礼毕，由新郎执红绸巾牵新娘同进洞房。进洞房后，先是"坐床"，由新郎用秤杆挑去遮在新娘头上的方巾（称心如意的意思）。执礼偌又高唱："一幅红罗四角方，和风吹动入兰房。一时先睹新娘面，顷刻面交牵粉郎。"又唱《交种床》贺歌："脚踏龙床步步高，手扳丹桂采蟠桃。金钩挂起红罗帐，鸳鸯一对连兰房。"接着饮合欢酒，崇明称"吃花烛"，新郎新娘并坐，鼓手吹《采阳调》。执礼偌又唱："酒是千年之酒，杯是万年之杯，鸳鸯同上盏，到老莫相争。"男女当差、仆役在旁斟酒、敬菜，小唱班或执礼偌又高唱："酒是千年之酒，同酒同杯，到老无愁。"执礼偌在婚礼中最多时要唱30多首贺歌。

新婚后的三天为"闹新房"日。俗语"三日咣没老小"，即三日之内，不分长幼辈分，都可闹新房。闹新房花样百出，大都是新郎新娘同吃汤团、同唱小曲之类，也有藏新郎新娘的东西去调新人糕、新人糖吃的。在崇明下沙，最令新郎新娘哭笑不得的是"暖床"。闹新房的人把"柜床"（一种木柜装插床架的床，木柜有三格仓）中间一仓的柜板抽去，搁上竹片，将棉被铺好。待吵亲的人散去，疲惫的新郎新娘上床睡觉时，双双跌入柜仓，

新婚暖床

躲在门外闹新房的人拍手大笑,新郎新娘因此跌痛的事时有发生。

三天过后,新婚夫妇去祠堂祭祖,也有在家中堂屋内烧香祭祖的,焚化纸锭、元宝,设祭祖酒席,双双跪拜。席上陈列喜羹、喜果、染红的米饭等,十分庄重严肃。

此时,新娘把自己的女红如布段、袜段、肚兜、眼镜袋、扇子袋、绣花头巾、绣花油棉絮等献给尊长,赠给同辈,后来改为袜子、香皂、手帕、围巾之类,称"台礼"。

结婚满月,新媳妇回娘家,带回去糕饼、汤团、喜糖、印花糕等。回娘家时有的坐车,有的坐轿。有的单独回门,新娘由陪伴的妇女同行,有的双回门,新郎陪伴新娘同去。视路之远近,有的回娘家一两天,也有十天八天才返夫家的。

最后是谢媒人,有钱人家用"什罗"扛抬,内装美酒、雄鸡、猪腿、

谢媒"什罗"

红糖、汤团、糕点、红封筒（即红包，内放若干银元）等。

这些婚俗礼节虽大多成了历史，但在当今崇明农村的婚礼上，有时还能看到一些旧时婚俗的影子。

嘉定农村新娘嫁妆趣闻

黄华旗

尽管现今上海嘉定农村的生活节奏加快了,婚嫁宴请一般从旧时的三天压缩为一天,但关于新娘嫁妆的习俗,如"摆妆""扎妆""助妆""抬妆""进妆"等却依然如故,非常有趣。

"摆妆""扎妆"多讲究

新娘在结婚的前一天,把置办好的嫁妆一件一件展览在客堂里(旧时三间房屋的中间一间称客堂),而且摆法很是讲究,高矮、大小搭配错落有序,大红纸剪成的"双喜"字如同商品的商标一样贴在每一件嫁妆上,称之为"摆妆"。然后由新娘的母亲带领女眷们用红绸带把被子等日用品捆在长凳或春凳之类的家具上,称之为"扎妆"。

清末民初时期,下等嫁妆仅有薄被、子孙桶(马桶)、脚盆等物及衣服数件而已;中等嫁妆主要为一橱二箱、四杌(小凳)等;上等嫁妆主要为四橱八箱,并有"垫箱钿""花粉钿",其他如被子、衣服、日用品一应俱全,还有以"裙带册"(耕田)作陪嫁的。通常,嫁妆的一部分是由亲朋好友馈赠,称之为"助妆"。嫁妆中被褥由"全福人"(即有父母、兄弟、姐妹、子女和丈夫)的妇人缝制,折叠时内放喜钱(根据家庭经济情况而定,有1元、2元的,但最多不超过10元)。子孙桶、痰盂内放红蛋、核桃、枣子(早)、长生(生)果、桂(贵)圆、棉籽(子)等(前面括号内4字连起来是"早生贵子")。

20世纪50年代，提倡新风尚，婚事简办，一般由男女双方置办必备家具。

60年代起又兴嫁妆，嫁妆主要是几匹土布、数条被子、一对春凳、一幢箱层箱子、脚桶、子孙桶、痰盂等。

七八十年代的嫁妆主要是数十套的确凉衣服、数十匹甚至上百匹土布、大红的脚桶马桶、手表、自行车、缝纫机、黑白电视机、三十六只脚（大衣橱、五斗橱、梳妆台、小方台、床边箱、四只方凳，每件四只脚，合计三十六只脚）等。

进入90年代，嘉定农民的生活水平日益提高，新娘嫁妆的内容也起了根本性的变化，其中少不了25英寸以上的大彩电、录像机、冰箱、音响、电饭煲、洗衣机、助动车和组合家具等高档用品，甚至个别先富起来的还嫁上了轻骑、摩托、摄像机和银行存折等（相应对新郎的要求也高了，抽水马桶、冷暖空调、热水淋浴器等必备）。取而代之的是数十乃至上百匹的土布在嫁妆中不见了，三十六只脚也已逐渐被带电的"鸡"（机）所取代。然而即使如此，二三十条被子还是不能少的，除了棉被外，鸭绒被、太空棉、羊毛毯也是必备的，衣橱、箱子是不能空的，里面装满了四季衣服。真可谓"千金姑娘万金嫁"。

"抬妆""进妆"更闹猛

"摆妆""扎妆"还在进行中，前来"看妆"的人群络绎不绝，当然其中大多数是女性。

结婚的那一天，上午男方要去新娘家搬运嫁妆了，先由大媒人（婚姻介绍人）带人把四只装有黑枣、蜜枣、桂圆和核桃的荷包，连同宰好的一头整猪、一条一二十斤左右的大乌青鱼、数十斤至上百斤的喜糖送到女方家中。四只小荷包是新女婿献给岳父母的一片心意，猪、鱼和喜糖则是新女婿对女方家族、亲戚和操办喜事人员（俗称相帮人）表示的谢意。但能不能把这些嫁妆搬走，还要征得新阿舅（新娘的胞哥或胞弟，如果新娘无同胞兄弟，就由她的堂兄弟）的同意。实际上是女方通过新阿舅向男方索取一些礼品，如几条名牌香烟、数捆鞭炮以及若干赏金。新阿舅向大媒人一提出，大媒人立即赶回男方家如数带上礼品、现金，率领搬运嫁妆的人马前往女家。大多数女家比较客气，以上索取只是做做样子、热闹热闹，但也有个别女家趁机漫天要价以致伤了和气的。女家如同意搬运嫁妆了，就由新阿舅将嫁妆中的红漆马桶搬到客堂外面，以表示放行。

而新娘嫁妆的搬运人数是由嫁妆的多寡来决定的，不能随意胡来。嫁妆的每一件称"一抬"，每"一抬"必须两个人抬（一般不能放在肩上扛，必须用双手抬，但路远，妆又重的可用肩扛，但必须用手托住扛棒装作抬的样子），即使是一只马桶或一只痰盂也得要由两个人去抬，称之为"抬妆"。"抬妆"的队伍一到新娘家，大媒人给新阿舅送上礼品、礼金后，稍事休息，抽烟喝茶吃糕点。待新阿舅把红马桶一搬出客堂，立会奔出两名"抬妆"人员用土布把马桶捆牢，抬了就走。因为那马桶里存放着成双数的红蛋、核桃。"蛋"与"代"谐音，意为"传代"；"核桃"形似男孩子生殖器的睾丸，意为新娘将来生男孩，反映出重男轻女的思想。这些红蛋、核桃为抢抬马桶的人所获，抢到红蛋、核桃也就抢到了吉利，在衣橱、箱子的抽屉里还放着不少糕点、糖果和甘蔗，意为让新娘新郎婚后高高兴兴、甜甜蜜蜜过日子，同时也作为对那些"抬妆"人员的奖励。紧接着抬妆的大队人马快速而有序地把嫁妆一件一件高高地抬起移出客堂。每一抬嫁妆用一匹土布捆好，用双手抬着走。在不绝于耳的爆竹声中，数十乃至上百人的抬妆队伍浩浩荡荡向男家进发，再远的路也得抬着走，而且还一定要绕到新郎家东南方的路上进村，通常称之为"上方进"（意为新娘是大大方方、堂堂正正明媒正娶的）。

在"抬妆"的队伍中有时还敲锣打鼓,沿途很是引人注目。队伍越大,说明嫁妆越多,两亲家越是光彩,男女双方都引以为荣。大概就为了这种光彩和荣耀,即使在交通便利、汽车普及的今天,嘉定新娘搬嫁妆用双手抬的还为数不少。

当"抬妆"的队伍将近新郎家宅前时,马上有人点燃置于路口的竹子、豆萁、柴禾等,称之为"旺盆"(意为祝愿新郎新娘婚后兴旺发达)。爆竹声骤响,嫁妆又被一件一件地高高抬起,从道欢迎的人群中先抬进客堂,后搬入新房,称之为"进妆"。"进妆"也有讲究,叫作"慢慢嫩、顺顺交",这原是行船靠岸的术语,这里套用意为"进妆"要与行船靠岸一样慢慢行、稳稳进。嫁妆被轻轻地放下(以免惊吓新娘新郎的新婚之夜),但红绸布的包妆不拆开,把数十条被子如小山似的叠在床上。邻居、亲戚等看妆的人们又会蜂拥而至,有说有笑、点头称好。

金山婚俗的百年印记
——记江南婚俗博物馆

沈永昌

江南民风民俗源远流长,有着数千年的历史。就拿婚俗来说,也是"百里不同风,千里不同俗"。金山地处沪浙交界,百年婚俗同样有着朴素而又真实的故事。

在上海市郊的水乡古镇枫泾市河上,有一座古老的致和桥,桥边有一座老宅。宅门前,一副大红对联高挂,上联是"江南喜庆古繁今华",下联是"水乡婚典源远流长"。这里就是江南婚俗博物馆。

"门当""户对"列门前

视婚姻为人生头等大事的江南民众,历来把婚姻礼俗列为礼仪之本。在婚俗博物馆的大门前,一对大石"门当"分列大门左右两旁,门框上方四个木质"户对",意为"门当户对"。一般江南大户人家都有这样的摆设。

步入博物馆大门,就看到一幅大红水乡婚典剪纸图占据了整个墙面,画面上水乡娶亲的场景令人感慨。在旁边的玻璃幕墙上,情投意合、百年合好、同床共枕、永结同心、天荒地老、成对成双、青梅竹马、生死不渝等约200条风俗成语,把结婚的真谛描述得淋漓尽致。

馆内介绍,自古以来,国人对婚礼有着近乎繁琐的要求。从周代起,就有了"纳彩、问名、纳吉、纳征、请期、迎亲"六道程序,谓之"六礼"。后来逐渐演变成提亲、请八字、卜婚(算命预测)、订婚、报期、迎娶、成婚、回门等程序。这千年习俗有的至今仍在流传,有的已被摈弃。

水乡婚典剪纸图

虽然男女成婚不一定讲究"门当户对",但相亲、订婚、成婚等程序,至今还在江南农村中流传。

"陪嫁"车船堆成山

在博物馆展厅一间大堂内,陈列了太师椅、八仙桌、一顶花轿和一间婚房。婚房内一张百年婚床,占据了足有半个房间。这是一张三进的拔步反喜大床,内挂两道纱帐,真可谓是床中有房,房中有床。据介绍,这婚床又名"千工床",即一个木工要花三年时间才能做出这样一张床。床上的花板上雕刻有喜鹊登梅、相夫教子、金榜题名、刀兵守护等历史故事。从年代看,这张床造于明末清初,足有数百年历史。床头放着各式各样橱、柜、脚盆、马桶等家具,这是女方家给姑娘送的"陪嫁"。

姑娘出嫁,陪嫁是不可少的。大户人家不仅陪家具,还要陪田地、陪丫环。一般人家,父母为了争面子,也要把陪嫁扎成多座"被山",以显示

拔步反喜大床

小姐身价。其中马桶、脚桶是不可少的。因为马桶又称"子孙桶",象征子孙兴旺;脚桶也是接生用的,一整套,有大有小,有高有低,生孩子就生在脚桶内,江南农村早就有人生"红脚桶内再翻身"之说。

在江南婚俗博物馆内,保存了不少陪嫁品。嫁妆从刺绣服装到三寸金莲;陪嫁大到箱、厨、桶,小到梳妆盒、竹丝篮,非常齐全,甚至还包括"压箱底"用的一个小南瓜,里面藏着一对小男女,用于母亲对女儿的性教育。一般有钱人家嫁女儿,光桶就有生育桶、饭桶、鞋桶、水桶、豆桶、米桶、茶桶等;嫁妆中的篮也有菜篮、罩篮、书篮、糕点篮等;嫁妆中最多的是布匹和被褥,还有锅、瓢、碗、筷等日用品。嫁妆多的一般用车载船装,花轿迎亲、嫁妆上门,好一派热闹场面。

婚礼随着时代变

旧时代的婚礼,后世逐步演化。百年来,总体上礼仪删繁就简,费用

江南婚俗博物馆大门

开销虽是在一定时期内不断减少,但是后来又有增加的趋势。

清末民初,在西方文明的影响下,民间婚礼开始有西装、旗袍出现;新中国成立后,随着新婚姻法的颁布,男女自由恋爱,结婚也流行"简单婚礼"。男女青年一般买上几斤糖果,请来领导证婚,新人鞠躬,晚上两床被子合到一张床上,婚就算结了。结婚的物品也很简单,一对热水瓶、两张洗脸盆就可作随礼,条件好一点的人家婚房内买个五斗橱已经够气派了。

进入20世纪70年代,那时结婚流行三大件,手表、自行车、缝纫机和36只脚,即床、橱、桌、椅等家具的腿加起来要够"36"这个数。算起来,办齐36只脚也才花去七八百元,可那时候的"三大件"要凭票购买,结婚物件也得托人找关系才能备得齐。

进入20世纪80年代,随着经济条件的变化,老三件变成了新三件,婚房内要置办电视机、冰箱和洗衣机。办齐这新三件,花费2 000元左右;整个婚礼办下来,也不过3 000元多一点。

花轿

20世纪90年代之后,结婚男女追求新潮,置办家电不算,还要拍套婚纱照,开销至少四五百元。当时已有汽车迎亲,叫上4部桑塔纳,车队一溜蛮气派。一场婚礼办妥,开销至少两三万元左右。

进入21世纪,青年人的婚礼越来越排场,置办婚房家电、家具,在饭店摆上几十桌酒宴,就是迎亲用的车队也已发展到一色的奥迪、宝马、凯迪拉克,还有让人眼花缭乱的不走寻常路的非主流婚礼。一场婚礼办下来,加上婚房少说也要一两百万元。

这婚房、婚礼的演变,正是老百姓日常生活显著变化的一个缩影。

婚书婚照逾百年

在婚俗博物馆中,我们还可以看到百余年来留下的各式结婚证明。最早的一张"婚书",是清光绪三十四年九月二十四日的一对男女合婚证书,

1950年5月2日签署的丝织结婚证

文首是"金玉满堂、长命富贵"8个大字,然后是合婚人、证婚人、介绍人的签名盖章。民国期间的婚证一般都是民间契约。

解放后,开始男女订婚,结婚还是以民间契约形式出现。馆内就有男女订婚和结婚的证书。一张1950年的订婚证,一名冯姓男士和一名潘姓女士订婚,主婚人、证明人、介绍人、结婚人都在证书上盖上了鲜红印章。因为是民间契约,有些富贵人还追求时髦。馆内还收藏着一份丝织结婚书,上面绣着"永结同心"4个大字,这张自1950年5月2日签署留传至今的结婚证写着"殷宝发、赵月芳"的姓名,主婚人、证婚人、介绍人一应俱齐。

直到我国新婚姻法公布,老百姓的结婚,才到乡政府去登记领证。馆内藏有不同年代的法院结婚公证书和复婚证明等,还有一青年人因未婚同居而写的检讨书,认错后才领取了结婚证。

百年婚俗中,还有个明显文化标记是婚照。在博物馆中,有一张清代末年的宦官和裹足小姐的结婚照,摄于100多年前;还有20世纪30年代男士穿着长衫、马褂,女士穿着大襟旗袍拍的结婚照;也有解放初穿着中山装、白衬衫拍的结婚照，更有现代女士穿着婚妙、男士西装革履的结婚照。

这里还是枫泾10年水乡婚典的发源地，古装集体婚礼上摄制的各种婚礼照，光彩照人，别有韵味。这标志着随着时代的变迁，人们的生活习惯也发生了重大的变化，这也是婚俗文化变迁的明显标记。

镇馆之宝三奇石

在江南婚俗博物馆中，还有着三块石文化标记，这是象征百年婚俗的镇馆之宝。一是一根1米左右的男根石柱，柱身上刻有如意图案，纹饰似灵芝，用男根的形式来表现，象征着生命的图腾。此柱放置于大户人家的庭院之中，意为整个家庭兴旺发达，子孙满堂，吉祥如意。二是一个缠枝莲石鼓墩，这块不到一米见方的石墩产于元代，整体寓意为爱意缠绵，莲生贵子，生生不息，万代绵长。三是一根如意柱，如意柱高一米左右，四壁如意图案，纹饰似灵芝，图腾心想事成，家族好运连连，家庭兴旺发达。这三块奇石均放置于大户人家内庭，在如今的江南民宅中已

缠枝莲石鼓墩

清代结婚照

十分罕见。

婚俗博物馆馆中最后的一个组图是由上百只农家织布的梭子和一犁田的农具组合而成，意味着男耕女织，用双手建设幸福美满的小家庭。

民俗专家认为，能否创造和传承具有生命力的民俗文化，可以看出一个时代的文化创造力。江南百年婚俗的演变，既有现代开放的元素的融入，也传承着厚重的江南婚俗中的文化内涵，形成特有的民俗民风。相信如果您有兴趣参观江南婚俗博物馆，一定会对此有深切的体会。

老照片上的新潮婚礼

吴红婧

每个人都有属于自己的美好瞬间的回忆，特别是对于结婚的记忆更是铭心刻骨。如今在上海街头，经常能见到饰满玫瑰的花车载着新郎新娘驶过。上海的新人们永远是时尚和新潮的，西式婚礼见惯了就举办一场中式的婚礼，有的不是教徒但为了赶时髦偏偏办一场教堂婚礼，再新潮些的索性办一场空中婚礼或是水下婚礼。新人们上天入地无奇不有，总希望自己的婚礼别出心裁、与众不同，甚至夹带几分噱头。费尽心思的新人们却不知，早在六七十年前，他们的祖父祖母辈已抢先一步，将婚礼演绎得有声有色，并融入了异国情调和风味。

1918年，赛金花再婚拍摄了婚纱照

上海自开埠以来，历时不过160年，由于位于东西方经济交会的最前沿，很快就跃升为中国经济最繁荣的地方，成为了一个国际化大都市。

现代经济使上海空前繁华的同时，欧风美雨也赋予了它独具特色的海派风情，故而这座城市里的人有着自己独特的韵味，并不可避免地和"西洋"扯上了千丝万缕的联系，就连结婚这样的大事也不例外，中式婚礼中的花轿、红盖头、喜堂、喜娘，在欧风美雨浸润下从世人眼前渐渐淡出。

在有幸保存下来的老照片中，有一张民国初期的文明结婚照。照片中的男人和女人除新娘外，从装扮到神情无不深深刻着"传统"两字，唯有新娘的一身装束冲淡了这种略感沉闷、刻板的气氛。新娘缀满鲜花的旗袍

新郎新娘与长辈等亲友合影

礼服外披着及地的白纱,公开显示祖制已开始被改革了。也许是因为众目睽睽之下的缘故,新娘的表情有些木然,脸上寻觅不到半点喜悦的神情,真不知她是否喜欢这件摩登的礼服。

同样,一代名妓赛金花的婚礼也被注入了西洋元素。16岁嫁于状元公洪钧做了二姨太的赛金花,曾奉命随夫出使欧洲,先后访问了德、奥、俄、荷四国。赛金花凭着她天生的交际才能,在欧洲的上层社会出尽了风头。洪钧病逝后,赛金花移居上海重操旧业。1918年,已经快40岁的赛金花嫁给了魏斯炅。她这次结婚时,选择了传统的凤冠加白婚纱,绣花鞋配捧花,当然还有一张结婚照。这一举动着实在上海滩上引起一阵轰动。

20世纪20年代初,伴随西方文化的大量传入,西式婚纱首次在我国登台亮相。当时一些从海外留学归来的先生小姐,因为受到西方文化的熏陶,大多把结婚的地点选择在教堂。新郎着西装礼服,打领结;新娘披白色婚纱,戴白色手套,手捧红玫瑰。在亲朋好友的祝福中,一对新人交换戒指,互相亲吻。

一代名妓赛金花的结婚礼服是凤冠加白色婚纱

从这时起,上海人的婚礼就和西装礼服、白色婚纱结下了不解之缘,即便有的新人举办的是传统婚礼,也一定要去照相馆拍一张穿婚纱的西式结婚照。到了30年代,拍结婚照已经很火了,当时规模比较大的照相馆都备有西式婚纱和燕尾服。

一位30年代的新娘容光焕发,神采飞扬,一身西式拖地婚纱,胸前装饰着鲜花,映衬着新娘掩饰不住的幸福神态。她烫过的头发梳成时兴的样式,双手微握,端坐在王开照相馆的摄影棚内,任由摄影师为她留下幸福的一刻。

西服礼帽、婚纱鲜花、男女傧相、金童玉女,完整的西式婚礼也登堂入室了,不过这样的婚礼大多是富裕阶层的选择。影星胡蝶嫁给富商潘有声时，便有这样一场盛大的婚礼。

而到了40年代，赶时髦的人结婚是一定要举行西式婚礼的，这已经成了潮流。

从留存至今的老照片中不难看出，20世纪三四十年代的婚礼融合了新与旧、传统与新潮——新娘既有穿西式白色婚纱的，也有穿旗袍披婚纱的中西结合式，还有穿纯中式礼服旗袍的，不过即便是在纯中式结婚礼服中，也已经不知不觉地融入了一些西式风格。

1927年，"中美联姻"开创了新派豪华婚礼

都说上海是一个海纳百川的大都市，当时的大上海以她自己的方式愉快地接受着外来的文化，创造着新文明。西式婚礼、教堂婚礼既已成为时尚，上海的新郎新娘也不固守常规，在仿效西式婚礼的同时又常常有着自己的创新，传统的东西没有被全部排斥。

1927年蒋介石迎娶宋美龄时，破天荒地举行了一场新旧结合的显赫婚礼。因为宋美龄是基督教徒，所以在世俗婚礼前先举行了一场宗教婚礼。1927年12月1日下午3时，蒋介石和宋美龄的宗教婚礼在宋家老宅举行，蒋介石身穿大礼服，宋美龄披拖地长婚纱，从花园到客厅都摆满了鲜花……

下午4时，蒋介石和宋美龄乘着花车赶往戈登路的大华饭店，举行世俗婚礼。他们一拜孙中山遗像，二为夫妻对拜，三拜前来参加婚礼的1300多位来宾。是日，蒋介石在报上发表《我们的今日》一文，称："余确信余今日与宋女士结婚以后，余之革命工作必有进步。余能安心尽革命之责任，即自今日始也……故余二人今日之结婚，实为建筑余二人革命事业之基础。"

蒋宋结婚，沪上报章连续报道。因蒋介石名中正，故将此次婚礼称为

20世纪30年代,王开照相馆拍摄的新娘身披婚纱的结婚照

月份牌上的新郎和新娘

"中美联姻",颇有影射政局之妙。蒋宋婚礼的造势,使上海新潮婚礼深入人心,趋向豪华。

20世纪30年代,上海滩上又举行了一场超级豪华婚礼,新郎是沪上赫赫有名的豪门之后盛恩颐的长子盛毓邮,新娘是门当户对的金家小姐。婚礼在百乐门舞厅举行,盛况空前,大门外有数十名白俄巡捕维持秩序。新娘子的婚纱从百乐门的二楼舞厅一直拖到了大门口。几乎同现在一样,在那个时代,文化名人、豪门贵富、电影明星也总是站在流行和时尚的最前列。这场超级婚礼的结婚照通过报纸、杂志传播开去,曾经引起过不小的轰动,吸引了众多的新潮男女的效仿。

也许是受西式婚礼讲究新奇的心理驱使,上海新人为追求新颖、新奇的效果真可谓动足了脑筋,水上婚礼、空中婚礼纷纷露面。不过受当时条件的限制,那时的水上婚礼、空中婚礼还无法真正做到上天入地,而当时

20世纪30年代,一对新人在渡轮的甲板上举行婚礼并大方地向来宾宣布:"我们结合了!"

的摄影技术也无法在水中或空中拍摄,只能记录婚礼的静态,所以,照片记录的只是新人走出船舱或下飞机的画面。有这样一张珍贵的老照片:一对新人在渡轮的甲板上举行婚礼,在提着花篮的小花童抛洒着鲜花的祝福中,在亲朋好友的簇拥下,大方地向大家宣布:"我们结合了!"如此前卫和时尚,真令我等后来者钦佩不已。

上海人婚礼的习俗就这样日新月异地变化着,小汽车代替了花轿,夫妻拜天地变成了教堂里的誓言和报纸上的结婚启事,新娘不再端坐在新房静候新郎掀起红盖头,而是大方地挽着新郎的手臂接受来宾的祝福……

1935年,沪上开始有了集体婚礼

今天的上海玫瑰婚典可谓声势浩大,媒体争相报道这每年一次的集体婚礼盛况。其实这不足为奇,因为被当作新鲜事炒作的集体婚礼早在70年前就已有了。20世纪30年代,国民政府提倡"新生活运动",集团婚礼(今集体婚礼)应运而生。由于它手续简便,收费低廉,很受青年男女的青睐,参加者踊跃。从1935年到1947年,上海举办了十多届集团婚礼,参加者超过1000对。

1934年10月第一次集团婚礼举行的消息通过媒体向公众发布,参加者只需交纳法币30元。当时"结婚须知"规定:参加集团婚礼者,须统一着装。新郎穿蓝袍、黑褂、蓝裤,着白袜、黑缎鞋,戴白手套;新娘着短袖淡红色旗袍、同色长裤、同色缎鞋、肉色丝袜,头罩白纱,戴白手套持鲜花。为表示国粹,特别要求新娘不得烫发,不得穿平跟或高跟皮鞋。集团婚礼于1935年4月3日隆重举行。

集团婚礼是闻所未闻的新鲜事,加上婚礼在江湾的上海市政府礼堂举行,市长亲自出席证婚,吸引了不少追逐时尚的年轻人,前来登记者之多让主办方有些措手不及。为避免婚礼那天出差错,主办方特地在正式举行婚礼前进行了排练。举行婚礼那天,上海市政府礼堂布置得喜气洋洋,鲜花、彩带簇拥四周。下午3时,警察局的乐队奏响了婚礼进行曲,新郎新娘双双对对携手步入礼堂。他们先向孙中山遗像三鞠躬,夫妻相对二鞠躬,最后向证婚人市长一鞠躬。随后市长致祝贺词。婚礼结束前,全体新人合影留念。如今当我们翻阅这些老照片时,还能够感受到当年集团婚礼庄重而又热烈的气氛。

  一张张结婚照片,虽历经几十年甚至近一个世纪,如今看来仍然楚楚动人。照片上的人物有的早已作古,在世的也已经步入耄耋之年,凭着这些照片,他们拥有过的青春、甜蜜、温馨将成为永恒。我们在这历史瞬间的记录中清晰地看到,上海人是如何将西方文明融入了自己的生活,将红盖头下的传统新娘演变成了摩登的现代新娘。

费时十年的"百子大礼轿"

申持中

在中国的封建社会里,只有合乎传统规范、明媒正娶的婚姻,新娘才有资格坐上迎亲的花轿进入夫家,成为一个合法的主妇,她可以自豪地宣称:"我是坐着花轿进门的。"非明媒正娶的婚姻被叫作"野合",一般不举行仪式,更没有花轿去迎娶。因此,是否坐花轿出嫁就显示了婚姻的性质,可见坐花轿对一个女人的一生有何等重要的影响。

花轿也叫礼轿,是婚礼专用的轿子。一个家庭甚至一个家族,一般不会在一个较短的时期里有许多儿子要娶亲、有许多女儿要出嫁的,所以,他们不可能自己去备一顶花轿等待子女结婚时使用,因而在中国大多数的城镇或农村,有一种专门承办婚丧喜庆的职业队伍和出租相关礼器的店铺。在江南农村,这种行当叫作"堂名""清音班""茶炉子"等。所谓"堂名"即"当堂唱名"。中国是一个崇尚礼仪的国家,十分讲究辈分、亲缘。经过职业训练的"司仪",在承办婚庆时当堂叫出客人与主人的关系,并将其安排到合适的坐位。"清音班"(北方有些地区称"唢呐")得名于这种行当有一套助兴的江南丝竹班子,而"茶炉子"则又源于承办者大多备有一口很大的既可烧水又可烫酒的大炉子。直到现在,这种职业依然存在于江南农村婚庆操办过程中。在城市里,这种职业和店铺多叫作"赁器店"或"赁器铺"。所谓"赁",即出租的意思。

近代以来,随着城市规模的扩大和人口的增长,赁器铺作为日常生活必不可少的行业也迅速发展起来。清光绪年间,一个叫周渭澄的青年从浙江镇海来到上海,在虹口的一家赁器铺当学徒。十几年后,

他不仅成为一个合格的"司仪",还结识了许多富商,确立了自己在行业中的地位。民国初,上海已成了拥有几百万人口的大城市,仅浙江宁波籍人口就超过了40万。大城市消费高,开销大,上海人比其他地方人更讲究气派和排场,一个富裕家庭的儿子娶亲或女儿出嫁,花费几千两银子并不是什么稀奇事。于是周渭澄决心离开东家,在南市"九亩地"(今露香园路一带)自己创办了"物华号赁器铺",还特地赴宁波象山请了一批雕花木匠,仿宁波的花轿设计和制作了一批器具。几年后,"物华号"成了上海赁器业的首户,周渭澄又投资在"九亩地"重建新舞台。通过新舞台,他结识了上海的许多军政要人,"物华号"又转而成为主要为上层富豪服务的婚庆商店。如1916年,"物华号"承办了盛宣怀"大出丧",并为此定制和特制了一大批丧仪器具,此事轰动了上海。

1927年,周渭澄的独子周宗余已行冠礼,成家立业将是不远的事。他决心制作一顶规模更大、样式更华丽的花轿作为儿子娶亲用轿,于是叫画工和木雕匠天天到新舞台看戏,把戏剧故事和人物造型摹下来,融入花轿装饰之中。而没过多久,正巧中华书局出版了一本以戏剧造型为主的《马骀画宝》,于是周渭澄又要求以该书为底本,再参照实际演出的戏剧人物造型重新设计和雕刻。由于工艺要求太高,这顶花轿制作共用了10年,于1936年才完工。花轿全部用黄杨木雕刻,刻有贵妃醉酒、狄青征西、太白醉写、三战吕布等戏剧故事和造型数十个,花卉鸟虫不计其数,并用金箔装饰。这些花板可以拆卸后装入13个大箱子。在轿座下装有汽车用电瓶,接通装在轿身上的100只电珠,取谐音名"物华号百子(珠)大礼轿"。该花轿完工时,周渭澄的儿子周宗余早已成亲,故而没能用上,倒是其女儿出嫁时派上了用场。由于这顶花轿造价太高,租费也极昂贵,以后几乎没人租用而封存在箱。解放后,上海的赁器业迅速衰落,已掌管"物华号"的周宗余忍痛把铺里的出租器具当柴烧毁。但他实在不忍心将

白丈大礼轿

"百子大礼轿"及一组婚庆仪仗毁在自己手中,后来便交由上海市文管会收购保藏。如今,该礼轿陈列在东方明珠塔下的"上海城市历史发展陈列馆"大堂内。

顺便补充一句,在上海婚礼中,花轿的历史虽早已结束,但"花车"替代花轿正处于方兴未艾时。

一纸婚书话沧桑

房芸芳

婚姻对于多数人而言,是一辈子仅一次的大事。一纸婚姻文书,是一对男女喜结良缘的凭证,同时也记录了许多珍贵的历史和社会信息。看一看不同时代、不同版本的结婚证书,能够使人真实地触摸到历史的流动和时代的变迁。

清末上海就有了结婚证书

中国素称"礼仪之邦",而婚姻礼仪曾被视为所有礼仪的根本。不过,传统婚姻完全是一种口头契约,由男女双方家长和媒婆三对六面讲定了这桩婚事,不一定要征得当事人的同意,即所谓"父母之命,媒妁之言"。如果要讲到婚姻的凭证,清代以前只有男女双方传递生辰八字的"婚帖"了。"婚帖"一般是用描金鸾凤朱纸,折成一个一尺长、三寸半宽的折子,依照男左女右次序,分书男女姓名、生辰八字、籍贯、祖宗三代名号。封面上则写有"天作地合,文定厥祥""鸾凤和鸣,珠联璧合"等古语,一式两份,择吉日请媒人传送,以为婚据。

清末民国初年的上海,传统婚礼与新式婚礼并重。传统婚礼大致沿袭了古代《礼记》中所说的"六礼",即纳采、问名、纳吉、纳征、请期和亲迎。这种传统婚姻特别讲究门第财产,注重聘礼厚重。男方行聘礼,俗称送盘,共分三次。第一次小礼,主要是送礼帖,也就是婚约;第二次送礼金和首饰、衣服,搭上茶叶、糖果之类;第三次在迎亲前数日,男方送大

昔日外滩情人墙

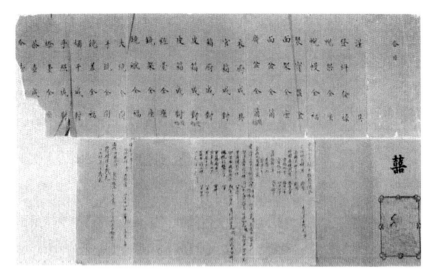

清末上海地区男方准备的迎鸾礼帖及女方的嫁妆清单

盘，内放迎鸾礼帖、凤冠霞帔，此时女方则相应地列出嫁妆清单。

上海从来就是得风气之先的地方，文明结婚的方式很快被社会认可和接受，有的新婚夫妇甚至将结婚证书公诸报端。如1905年9月1日，刘驹贤、吴权在上海味莼园举行西式婚礼，他们在当天《时报》上刊登了《文明结婚礼式单》，其中就包括了他们的结婚证书：

结婚证书

结婚男子刘驹贤，字千里，年十九岁，直隶省天津府盐山县人。

结婚女子吴权，字小馥，年十八岁，安徽省安庆府桐城县人。

因周舜卿、薛南溟君之绍介，遵守文明公例，两愿结婚，订为夫妇。谨择于光绪三十一年八月初三日在上海味莼园安恺第公请张叔和主持，行结婚礼，永携和好，合立证书。

光绪三十一年八月初三日

结婚男子　刘驹贤
结婚女子　吴　权
绍介人　　周舜卿
　　　　　薛南溟
主婚人　　张叔和

陶行知亲笔手书的结婚证书

到了20世纪二三十年代,西方的风俗习惯已开始渐渐渗入上海人的生活,人们开始穿西装,披婚纱,并效仿西洋人到教堂举行婚礼。此时,结婚证书作为一个新生事物亮相登场了。当时所谓的结婚证书,只是由印刷厂印制的一纸民间契约,市面上普通的胭脂店(后称烟纸店)里都可以买到,定价为一元。"胡兰成张爱玲签定终身,结为夫妇,愿使岁月静好,现世安稳。"张爱玲与胡兰成结婚时所签定的就是这样一纸婚书。当年,他们连仪式都没有举行,只有张爱玲的好友炎樱做媒证。

20世纪40年代的订婚证书

1946年的"龙凤证书"

20世纪50年代初新《婚姻法》颁布后,一对新人捧着《结婚证》举行婚礼

20世纪50年代的结婚证

当时的结婚证书只是一种民间契约，并无法律效力，新人取得结婚证书，也不用去专门机构，大多是在婚礼上、在来宾的祝福中当场盖章生效的。当年常见的结婚证书都是纸质的，不过家境较好的夫妻就比较考究。上海电视台《时髦外婆》节目中就展示过陈素云老人珍藏的结婚证书，绢质，完全用手工刺绣而成。还有的夫妇则是自己手绘或手书结婚契约。1939年陶行知先生和他的学生吴树青女士的结婚证书上，那段通俗活泼的韵文就是陶行知亲手写成的——"天也欢喜，地也欢喜，人也欢喜。欢喜你遇到了我，我遇到了你。当时是你心里有了一个我，我心里有了一个你。从今后是朝朝暮暮在一起，地久天长，同心比翼，相敬相爱相扶持，偶然发点小脾气也要规劝勉励，在工作中学习，在服务上努力，追求真理抗战到底，为着大我，忘却小己，直等到最后胜利再从容生一两个孩子，一半儿像我，一半儿像你。"另外，还有绸面折子的"龙凤证书"、用手绘的绢面"国画订婚证书"、用锦缎盒精装的"鸳鸯证"等款式。

到了40年代，结婚证书基本采用统一的格式。上海大东书店印制的婚书，上有长短婚联："红烛催妆，青庐交拜""盟订齐眉，欢歌偕老""同心同德；合歌眱旦之篇；宜室宜家，预卜周南之端"等。

1935年4月3日，上海市第一届集团婚礼在江湾五角场新市政府大礼堂举行（新婚夫妇共有57对），并确定每年举行四次。集团结婚的主要优点是登记手续严密，婚礼仪式简化，节约而不失庄重、规范。这对于工薪阶层来说，是一种既体面又经济实惠的好办法。这时的结婚证书已是官方印制的了，由市政府印备。市长及社会局局长为证婚人，市长授结婚证书给新郎，局长授纪念章给新娘。民国时期，上海曾举办过十余次大型集团结婚典礼。"孤岛"时期，市政府西撤，原定期举办的集团婚礼暂停，但集团结婚的方式并未消失，浦东同乡会仍继续举办集团婚礼。

有了法律效力的结婚证书

新中国成立以后,男女平等的婚姻制度赋予结婚证书以崭新的形式和内容。据考证,上海由人民政府正式颁发结婚证书约始于1954年。初期的结婚证,印制十分简单,如同一般奖状式样的纸,但这却是我国第一代有法律效力的婚姻证明文书。就在这张薄纸上还印有些传统的喜庆图案:正上方是五角星和国旗,正下方为一个大红双"喜"字,四周由牡丹、石榴、和平鸽、稻穗等组成美丽的装饰图案,象征幸福美满、吉祥喜庆。中间书写男女姓名、性别、年龄。"自愿结婚"4个字,这看似平淡的愿望,却是多少代人梦寐以求的愿望,只有在新中国才得以变成了现实。从那时起,

20世纪60年代的结婚证

结婚证上都盖有政府机构的公章。

60年代初期的结婚证出现了鸳鸯戏水、并蒂莲、梅花等传统吉祥物,象征着人们期待社会稳定,风调雨顺。五六十年代的结婚证上都刻有些简洁的口号,如"互敬互爱""自主自愿"等。稻穗、棉花也成为了当时结婚证图案上的主角,这反映当时的农业在国民经济中占了相当大的比重。那时的结婚证上还有区政府领导的签名章。

到了"文革"期间,整个社会被卷进了疯狂的政治风暴之中,连结婚证书也未能幸免。那时的结婚证书上,区长的签名章和政府公章都没有了,只盖有"革命委员会"的圆形公章,结婚人、介绍人、主婚人、证婚人等签名盖章也不见了,更不用提贴男女双方照片了。"文革"期间,各地的结婚证,样式虽各有不同,但印有"最高指示"却是共同的特征——"我们都是来自五湖四海,为了一个共同的革命目标,走到一起来了……","领导我们事业的核心力量是中国共产党,指导我们思想的理论基础是马克思列宁主义。"还有的结婚证书上写着:"经公社革命委员会审查同意,下乡革命青年某某同志和贫下中农子女某某同志结为夫妻,希望你们在毛主席指引的革命航线上奋勇前进!"这种祝辞,在当时可能是最流行的经典话语。

改革开放以来,结婚证书才终于回归其法律文书的本质。80年代后,各地的结婚证制作得日益精致,龙凤图案、大红喜字等洋溢着浓郁的喜庆气氛。同时,结婚证书上开始要求贴上男女双方的照片了。而证书的文字内容,更突出了法律观念,"符合《中华人民共和国婚姻法》关于结婚的规定",成为批准结婚登记的依据。

从1991年开始,结婚证改由国家民政部统一监制。大红封面上印着庄严的国徽,护照大小的开本样式,采用人民币专用防伪纸张。虽然没有了以往五花八门、各具特色的感觉,但庄重规范和便于保存,成为其最鲜明的特性。

随着新的《婚姻法》的颁布,2004年1月1日起我国又开始使用新的

1978年的结婚证

结婚证。结婚证封面由原来的大红色变成枣红色,采用国花牡丹为主要设计元素。结婚证书采用了更加严格的防伪措施:内芯纸张采用定向定位安全防伪水印币纸,水印图案为双喜;封皮采用进口纸张,内含无色荧光"中华人民共和国婚姻证书"和英文"MPRCHINA"及圆形"双喜"字样;证件内芯全国统一编号。新版结婚证书更注重功能性,从一个侧面反映了我国法律制度的日益健全。

丽都花园中的婚礼

树荣

我曾当过几次"小傧相"

我已年届七旬,在过去的岁月里曾参加过不少次婚礼,五六岁时曾不止一次被选去当"拉纱童子",也就是和另一年龄相仿的男孩并肩拉着新娘礼服上那条很长的披纱尾端,伴随《婚礼进行曲》缓慢地穿过礼堂。

两个"拉纱童子"和拎着花篮在前为新娘引路的小女孩,被合称为"小傧相"。"小傧相"一般都是从新娘家亲友的小孩中挑选出来,那身小礼

丽都花园(薛顺生 摄)

服也由新娘家提供。无论男女小孩,挑选的标准一般都是两个,一是生得漂亮俊秀,二是斯文听话。可我当时与这两个标准都相去甚远。我从小便是黑不溜秋的,还有点脸生横肉,斯文听话更谈不上,我进中西女中第一附小幼稚园的第一天就打哭了两个男生,以后一直是老师认为"最坐不住"的学生。但尽管这样,还是常有机会被选去给新娘拉纱。当时我还是有一些自知之明的,有时候瞧着婚礼上另外那三个粉妆玉琢般的小傧相,暗自有些纳闷:自己怎么会和这些"洋囡囡"般的孩子成为同伙的?直到长大之后,才明白当"小傧相"原来也可以算作一种优待或礼遇,是对被选孩子的家庭乃至家族所表示的一种姿态。正因为如此,所以在上海的一些西式婚礼上,往往也有一些像我这样形象上不合格的"小傧相"出场露脸,其中缘由是只能意会而不宜点破的。

由于当时年纪太小,我已记不清选我为新娘拉纱是哪些亲友家了,当然更记不起那些婚礼是在哪些场所举行的。童年时参加过的婚礼中,尚能记得较为清晰的只有我堂姐孙倩华的那场婚礼。

堂姐的婚礼在丽都花园举行

那是1941年秋季,我已过了8周岁,虚龄已是10岁,这样的年纪当然不可能再当"拉纱童子"了,我便有机会在人丛中乱挤乱窜,踩痛许多贺客的脚,招来许多人的"憎厌"。

那天的新娘是我二叔的长女,大我11岁。新郎姓杨名定国,世居江苏常熟,当时刚在上海念完大学进了一家银行工作。他是常熟有名的"翁、庞、杨、纪、归、言、曲、蒋"八大望族中的杨氏家族的成员,曾祖父曾在清代咸丰朝中任翰林院修撰兼南书房侍读。我的二婶出自杨家,是他的堂姑母,因此这次结婚属于亲上加亲。

举行婚礼的地点是公共租界麦达赫斯脱路(今北京西路)上的丽都花

作者堂姐的结婚照（1941年）

园，现在那里便是上海市政协办公场所。当年的丽都花园是一家兼营餐饮的娱乐场所，偌大一片花园中，有一家规模很大的中菜餐厅、一家赌场、一座露天游泳池和弹子房、西餐厅、咖啡馆等。这家娱乐场的老板名叫高鑫宝，是上海有名的"小八股党"中的成员、黑道上鼎鼎大名的人物，那时候他刚死去不久，是因为争夺利益而被自己过去的汽车夫兼徒弟吴四宝派人用手枪打死在大西洋西菜馆门前的。他死后家属仍住在丽都花园中，丽都花园的业务由他的弟弟高阿毛管理，这当然也是个黑道中人物。高鑫宝的儿子高尚廉是我在东吴大学附中念初中时很亲密的同学，我常跟着他到丽都花园中去玩耍和游泳。20世纪50年代初他去了香港，在那里改名为高青云，并且成了有名的评弹票友，谁知壮年竟因拔牙时血中毒而去世。

荣立贵女士（中）（云简提供）

当然这些都是我去参加堂姐婚礼之后的事了。

由于男女双方各邀请了不少客人，因此婚礼当天丽都花园的餐厅被全天包下。除了两个年幼的妹妹，我们全家吃过午饭便开始到那里去了。汽车开进丽都花园，在餐厅门前停住。祖母刚下车，便由闻讯迎出来的女眷们拥簇着进去了。她们进了餐厅后面的一个大房间，那里已摆好几张麻将桌。只待祖母一到，等候着的女眷们便纷纷坐下，"开台"打牌了。与祖母同来的父亲则进了餐厅大堂边的一间起坐间，和另外一些男宾呷着咖啡、抽着雪茄闲聊。汽车则开回家去接母亲和两位姐姐。逢到家族或亲友中有重大喜庆，母亲照例要给我那两位姐姐精心地打扮一番，因此她们要到婚礼开始前不久才能到来。

丽都舞厅

这样，我在这段时间里便成了没有家长监管的孩子，这里的房子和花园又比自己家里的大得多，于是我就和一些年龄相仿的男孩子"疯"了起来，相互追逐戏耍，直到婚礼开始时才挤进礼堂去轧闹猛。

哈同的长子当了男傧相

礼堂便是那间大餐厅。大概是经常被租用作婚寿庆宴礼堂的缘故，厅内用红漆矮栏分隔成两个部分，外面三分之二的面积排列筵席桌面，里面约莫三分之一面积作为礼堂，举行仪式和典礼。那天从大厅门口直到礼堂中一张长桌前铺着红地毯，长桌后面坐着几个穿蓝袍黑褂的男人和盛装的女人，那些便是证婚人、主婚人（男女双方家长）、介绍人和司仪。来宾们便站在两旁观看。

琴师在一架三角钢琴上弹起《婚礼进行曲》的前奏。这时，穿着燕尾礼服、手挟高礼帽的新郎和男傧相便并肩疾步从大门外走进来，经过红地毯，并肩站到证婚人等所坐的长桌左前方，等候新娘入场。

随着节奏缓慢的《婚礼进行曲》，属于新娘这方的那支队伍出现在礼堂大门口，缓缓地向大厅里走来。走在队伍最前面开路的照例是一个小女孩，她穿着粉红色缎裙，一只手拎着鲜花篮，一边走一边把篮中的花瓣轻轻地向两边抛洒，在她身后约两米处走着穿淡绿色缎子长裙、头上戴着金冠的女傧相，再后两米处则是穿银色长裙、披洁白头纱的新娘，最后照例是两个拽裙尾的男童——便是我几年前扮演过多次的角色，他俩照例穿着度身定做的黑丝绒西式古装褂裤，在婚礼之后，这身衣服将由他俩的家长带回去留作纪念。

新娘和女傧相站到新郎和男傧相对面之后，司仪宣布仪式开始。按例行程序，先是证婚人致辞，再是介绍人讲话，然后是主婚人代表致谢，最后是上述这些人和新郎新娘在结婚证书上盖章，一对新人则由男女傧相代盖。这样，这场婚礼仪式便算是完成了，新郎新娘相挽着从原路走出礼堂，这时包括我在内的许多孩子都抢着将彩色纸屑和纸带向他俩头上撒去……随后，婚宴开席了。换了衣服出来的新人，依次逐席敬酒谢客等程序，和眼下的大多数婚礼基本一样。

由于年久日远，我已记不得那天婚礼上的证婚人是谁了，反正按照惯例应是一位年纪较大的社会名流，这人也未必和男女两家有什么渊源，有许多时候是男家或女家曲里拐弯地转托别人邀请来的。在那天的婚礼上备受瞩目的却是那一对男女傧相。

那天担任女傧相的是荣立赟小姐，她是旧时中国纺织业巨擘荣宗敬的幼女。我的三姑母孙凤蕙嫁给了她的兄长荣辅仁（鸿三），她便成了我姑母的小姑。由于她的乳名叫"弥陀"，我的祖母、姑母们和母亲都用这乳名唤她，我和姐妹们便唤她"弥陀孃孃"。她和那天结婚的我的堂姐同岁，从少女时便常在一起,因此那天请她当女傧相是顺理成章的。

那天的男傧相更受人注目,因为他是个白种人,他是荣立赟的未婚夫——乔治·哈同(上海英籍犹太裔富豪撒拉斯·哈同的长子)。他被邀来当男傧相是由于和荣立赟的关系,这是不言而喻的。

20世纪90年代中期乔治患病去世,久居香港的弥陀孃孃则至今仍很健朗,每年还会出席中西女中香港校友会的年会。

《申报》上的结婚启事

布 伯

《申报》上刊登结婚启事，较离婚启事和讣告要晚得多。离婚启事出现于民国初年，1914年1月就有了两次，多由律师代表声明；讣告就更早了，1912年1月至2月间就刊有三次。而最早的结婚启事则是1927年12月26日《周根瑞续娶启事》，该启事没有女方姓名。

由当事人刊发的结婚启事，大多属于反对家庭包办、追求自由恋爱的青年，具有反封建包办婚姻的革命意义。最早的是1929年12月25日《俞

《申报》最早刊登的《周根瑞续娶启事》

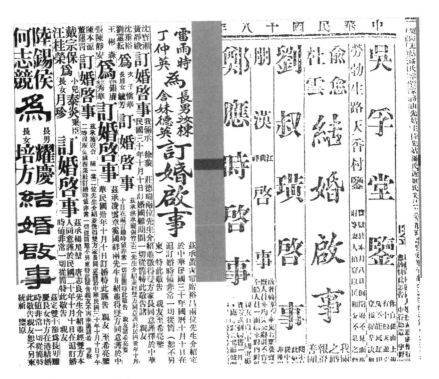

《申报》刊登的结婚启事

愈、杜云结婚启事》。

20世纪30年代中，国民政府提倡所谓"新生活运动"，报上刊登的结婚启事越来越多，有当事人刊发的，也有家长刊发的。如1941年10月10日一天，仅结婚启事就刊发了几乎大半个版面。

赵景深父子两代求婚趣事

赵易林

《围城》中钱钟书先生笔下的方遯翁老先生有舞文弄墨的嗜好，甚至会闹出大笔一挥，直接向唐小姐替儿子写求婚信的笑话来。

也许是一种巧合，我父亲赵景深的父亲赵锡嘉，与方老先生酷似，喜欢写日记、写自传、写杂文，并且特别喜欢动不动就要写信。他的独子景深失恋以后，便认为儿子不是一块谈恋爱的料，因此时刻为儿子物色对象，准备写信代子求婚。

一次，他到苏州学士街一位文友马正轨家作客。马老是前清秀才，曾任县主事。他欣喜地发现，马老有三千金——老大马菊娥，在刺绣社任指导；老三马芝宝，属虎，正巧与景深同年，生性善良，待人和蔼，尊老爱幼；她与老四马幼芝都从老大手里学会刺绣。三姊妹都是刺绣行业中的能手，而以马芝宝的手艺最为精巧。

马正轨是一位穷儒，平日不肯外出工作，一定要挨到实在穷得开不出伙仓，才出去找些工作。由于他的文才、文字胜人一筹，聘用他的东家倒也不在少数。只是他积了一些薪俸就要回家清闲自娱，因此家境总在清贫之中。

那天剧社送来一件龙袍，芝宝在半天之内，用龙头明珠、盘金手艺绣成立体图案。赵老夫子看到了绣品，赞不绝口；又知道了刺绣得来的报酬，都贴补了家用，更赞老三的孝心。

回到上海，赵老夫子立即为儿子写求婚信给马正轨。这封信他写得煞费苦心，令人感动，果真起了作用！

1926年2月，赵景深娶马芝宝为妻。两口子互敬互爱，感情弥笃，堪称一对好夫妻，也是我们的好父母。

有谁会想到赵老夫子"代子求婚"也有遗传性，我父亲赵景深在我26岁时，也代子写起了求婚信！

1944年，上海形势紧迫，正好安徽学院邀请爸爸担任中文系系主任，于是决定赴皖。祖母留在上海，请远房亲戚阿舫叔叔一家到我家来暂住一阵，实际上就是请他们一家替我家看管房子。

阿舫叔叔名叫金菊舫，生有一子三女。三个女儿依次名叫金玲玲、金珮玲和金小玲。这又是巧事：马芝宝家也是三姊妹。当时金玲玲还是一个小不点儿。

我在读小学时就为当时戴中新女士主编的刊物《小主人》写短篇童话故事一类文章。凡是有我作品的刊物，总是会寄一册送给玲玲表妹。因此其父舫叔也经常看我的作品，对我大有好感，且谬称我为"神童"。

不知从何时起，我"爱"上玲玲了，只是不会谈爱，一如昔日年轻时的父亲。父亲看出我的窘境，于是大笔一挥，代我写了一封求婚信给金菊舫，信中只用暗喻。我属兔，玲玲属狗，父亲写道："……吾弟今为中国佛教会会员，经义自必超人一筹。婚姻大事，释迦洞悉其奥秘，乃定七情六欲。情，乃人神所难免。故牛郎、织女二星，亦称夫妇；其理在此。男女命宫，理当安排。如何配合，皆有命中注定。且青兔黄犬，古来有之，历书亦云。考其结局，皆以神仙眷属为终……"金菊舫接到这封信，起初有些莫名其妙，再三玩味，才悟出他的景深兄是为儿子向自己的大女儿求婚。问了女儿几句，玲玲说："还早呢。"菊舫夫妇知道女孩儿家怕羞，说"还早呢"三个字，等于是说"同意"。于是两家各自筹办，年内结婚。是年，玲玲19岁。

赵家都是父亲替儿子求婚，这也可说是"家传"吧！

吴铁城与"新生活集团结婚"

陆茂清

1934年2月19日,蒋介石发起了"新生活运动",上海市市长吴铁城闻风而动,其中影响最大、最热闹的是"新生活集团结婚"。

事前,吴铁城派干员调查、征询各界对新生活集团结婚的意见,然后,自1934年底至次年1月,他一连主持了三次市政会议。2月7日,《上海市新生活集团结婚办法》颁布,其主要内容为:凡本市市民结婚,均可申请参加集团结婚,经由社会局核准后,发登记证;个人须交纳手续费20元,凭登记证办理各项手续;此种仪式,每月第一个星期三在市府大礼堂举行,不用傧相,由市长、社会局长出席证婚,发结婚证书及纪念品。

市社会局还登报悬赏征集证书式样,并确定,以美亚织绸厂的优质丝绸,制作统一婚礼服。

自2月13日至28日止共有57对新人申请参加。市府276次市政会议议决,上海市第一届新生活集团结婚于1935年4月3日举行,责令社会局具体筹办。

因为是上海首届集团婚礼,又是国内首创,故在4月2日作了演习。

4月3日,市政府礼堂内外装饰一新,喜堂正中,铺一方红地毯,供新人站立等待行婚礼之用,四周围以彩带。旁为证婚人席、乐队席、观礼席。礼台前置龙凤呈祥大红花烛一对,后置孙中山先生铜像一尊,两旁交叉党旗、国旗。

午后,市政府专车至大世界及宝山路,将新人及其家长迎入市府,入楼下膳厅,各个穿戴打扮停当。

三时整，上海市首届新生活集团结婚典礼开始，当司仪唱"结婚人入席"时，社会局男女科员各两人，手拎红纱灯笼在前引导，57对新人分男女两列，新郎一律蓝袍黑马褂，新娘均身披白色轻纱，胸挂红花，手持缠有彩色绸带之鲜花。伴着喜乐声，鱼贯而入喜堂，在红地毯上相对而立。

接着是行成婚礼。司仪报告新人姓名后，每两对为一组，由男女科员引导，沿着铺有红地毯的扶梯登上礼台，向孙中山铜像站定，行三鞠躬礼，后相对两鞠躬，再向证婚人一鞠躬。证婚人、市长吴铁城向新人授予结婚证书，又由社会局长吴开先授予纪念品。新人领受证书及纪念品后，再向证婚人行一鞠躬礼，双双携手退下，立于原来位置。

行完成婚礼后，吴铁城致训词，内容为"提倡新生活集团结婚，开沪上一代新风"之类。

集团婚礼礼毕时，夜幕降临，市府前广场上火树银花，华灯齐放，数千人鹄立等候多时，欲一睹57对新人风采。礼堂大门洞开，军乐声大作，57对新人随手提纱灯之科员，列队而出，蓝袍黑褂，雪白婚纱，与彩灯相辉映，恂恂然、飘飘然，引来观众喝彩。各影片公司追前逐后，争相摄影。

上海集团结婚的消息传至全国后，竟也引起不少城市竞相效仿，煞是热闹了一阵子。

让婚礼进行到底

史 欣

这事发生在1949年5月25日,也就是苏州河以南市区解放的那天。

一队解放军与几位接管人员,来到了坐落于威海卫路、石门一路东北角的新生活俱乐部礼堂,准备接管这处国民党市政府辖下的机构。那时,礼堂里正有一对新人在举行婚礼。因为战争关系,来宾"非常寥落",连证

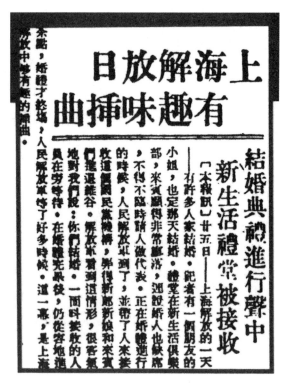

1949年5月27日《申报》
上有关婚礼的报道

婚人也没到，只得临时请了一位长者担任。当解放军与接管人员走进礼堂时，新人与宾客都不知怎么办才好。带队的干部见状，即请婚礼继续进行，而让解放军与接管人员在旁等待。直到全部仪式结束，包括宾客们从容用完茶点，才开始接管。

5月27日的最后一期《申报》，刊出了这一上海解放日中有趣的小插曲。半个多世纪过去了，未知这对新人是否能看到这篇文字，他们一定是永远不会忘记那天的情景的，我想。

"宋半界"嫁女

许洪新

旧时婚典,有"迎嫁妆"一项,日子是在迎娶前一天或数天,市郊各乡镇亦各有异。这一组照片拍摄的就是清末大户人家迎嫁妆的盛况,时为光绪二十三年(1897年)春夏之交的某一黄道吉日。数十杠嫁妆中,红木家具、锦被绣褥、箱笼陈设,应有尽有。箱笼的封条上"承业堂宋谨封"六字隐约可见。"承业堂宋",即当时沪上丝业巨子宋书荪家族,这次出阁的是宋书荪的第五个女儿宋玉。

说起宋书荪家族,倒有一段轶史,可补上海法租界史之阙。宋家,原

宋家母女合影:左起长女宋懿、五女宋玉、宋母、四女宋娟、六女宋秀

迎嫁妆的队伍

红木龙凤婚床

贴有"承业堂宋谨封"封条的箱笼

红木家具

籍海宁硖石墓桥村，祖上于清初入天主教，虽雍正年间严禁而不改，为我国最早笃信天主教的家族之一。鸦片战争后，天主教再度来华传播。宋书荪先入宁波教会学校学习法文、英文，后由教会推荐任法国某丝商买办，代主杭嘉湖地区丝茧收购出口业务，同时也自设丝茧行。到其次子仲遽继承该业时，湖州南浔一带茧市已有"宋二爷未到不开秤"之规矩。该法商后任巴黎贴现银行经理，宋书荪又被委为该行上海方面业务及后来的华俄道胜银行上海分行买办，成为上海法租界华人家族中的巨富之一。宋家在法租界内外购置了大量地产，主要分布在法大马路（即公馆马路，今金陵中路）、宝昌路（今淮海中路）、吕班路（今重庆南路）、金神父路（今瑞金二路）等处。如今自普安路旁的大上海时代广场至思南路的淮海中路段南侧土地，几乎都是宋家地产；今瑞金医院地产，也是宋家于光绪三十三年捐赠给圣味增爵会的。因其在法租界内地产极多，人们遂呼之为"宋半界"。

从照片上人们看到的还只是一些表面上的嫁妆，至于箱笼中置放的是什么，只能随人去猜想了。金银乎？珠宝乎？古董乎？字画乎？当然都有。但据其后人奉告，嫁妆内有一份道契，那是今瑞金医院西侧的一块地产：从今天的金谷村东弄弄口到建国中路的瑞金二路段，以及西侧包括金谷村、绍兴路东端道路、绍兴路5号上海市新闻出版局办公楼以及该楼东侧沿瑞金二路的8幢花园住宅在内，都是拓建在这块地产上的。

迎娶宋家五小姐的是董家渡朱家四公子季琳，也就是东方汇理银行买办和求新机器造船厂业主朱志尧的幼弟。朱家原籍青浦诸巷，也是一个从清初起信奉天主教的家族，后以沙船起家，其时也已拥有大量实业，朱季琳后来就担任华商电气公司董事长。如此两家联姻，自然是门当户对。这位宋小姐，享年96岁才去世。这一组已逾百年的照片，十年浩劫中曾被抄去，用作"剥削罪证展览会"的展品，这才得以立档保存了下来，可谓侥幸至极。

当年我结婚时……
——记几位老上海的结婚宴席

敏 华

2003年10月1日，一天中上海登记结婚的新婚夫妇达1 533对。而结婚就要到酒店办婚宴，如今已成惯例。节日期间，我在参加一次婚宴时看到，过去婚宴上常见的整鸡全鸭大蹄已经消失，取而代之的是海鲜、山珍、绿色食品。我们同桌的几位老同志都大为感慨，想起了各自过去的婚宴。老覃指着布满桌面的菜肴说道："要在20年前，再多一倍的菜也会所剩无几，当年我结婚时……"话题一开，同桌诸友皆有同感，纷纷说了各自当年的婚宴情况，颇为有趣，兹简录于后。

为一桌酒席作检讨

办事认真的老余1950年参加工作，1956年加入中国共产党，是位搞工会工作的老干部。老余说起自己的婚宴，感慨万分——

1961年的春节前夕，那时我已经27岁，在双方父母的催促下，终于选定了结婚的日期。

20世纪60年代初正逢国家困难时期，食品供应很紧张。我是党员干部，自然处处要带头。我原本不想办酒，可是双方父母不答应。想想结婚毕竟是人生一件大事，再讲丈人、丈母娘把女儿养到这么大，就这么交给我做老婆了，连饭也不请他们吃一顿，有点讲不过去。我同双方父母协商后，决定还是在家中办一桌酒，既是亲家见面团聚，又可以庆祝一下留个纪念。

20世纪50年代,一对新人相互佩戴大红花,准备参加婚宴

那时，组织上分配一间8平方米的房子给我，但钥匙还没有拿到，这一桌酒就放在我父亲那18平方米的房间里。

参加的人员为双方父母、新郎、新娘和兄弟、妹妹、一位老邻居，我又从单位里选了一位代表（实在是不敢邀请同事）——党支部组织委员。这桌喜酒一共有10个人参加。

吃饭总要买菜，当时买菜凭每户一张菜卡定量供应，一桌再简单的酒席，凭一张菜卡定量供应的菜是办不成的，于是，父亲、丈人各自拿出菜卡支援我们。最后，这桌婚宴就靠这3张小菜卡勉强办起来了。那时请客可没有海鲜，都以肉为主菜。荤菜不够，又没有自由市场，我就骑着自行车满上海兜，好不容易在军工路上以黑市价买回一只6斤多重的猪后腿，这才保证了这桌婚宴的质量。

结婚喜宴在我母亲的一手操持下，办得很顺当。3张小菜卡（每张菜卡只能买1只鸡或鸭，不能重复）买到的鸡、鸭、鱼，本是3户人家的年货。这餐婚宴吃掉了3户人家过年的荤菜。

在一声声祝福、道谢声中，我送走了精心挑选的单位代表。这位代表来的时候还送了一对枕头套作为贺礼。

第二天一早，我就去上班了。每年春节，是工会干部最忙碌的时候，我们的新婚蜜月是在繁忙的工作中度过的。

几天后，党支部过组织生活。应邀参加我婚宴的组织委员发言说：小余到黑市上买猪腿，在家中大吃大喝，影响很坏，要作深刻检讨。听到此言，我一下子愣住了，脑子里一片空白，涨红了脸，不知如何应答。那个时代"上纲上线"，人人都会，自我批评、检讨检查也是家常便饭。下一次的组织生活上，我理所当然是态度诚恳地主动作了番检讨。好在与会人员大都办过婚宴或者吃过婚宴，也没有人再来难为我。但是，我永远忘不掉为了这桌婚宴作的检讨。

错把粉丝作鱼翅

老余的故事引来一番议论。原任某汽车厂总工程师的老路,拍了拍老余的肩膀说:老余,你根正苗红,作了检讨也就过关了。我的婚宴搞得是筋疲力尽啊——

我出身在资产阶级的家庭,那时天天想的是和剥削阶级划清界线,争取入团。党团支部天天有人来启发、教育、帮助我。好儿女志在四方,大学毕业时我一心想离开上海,离开那幢象征剥削的大花园洋房,参加祖国的工业建设。

1953年7月15日动工兴建、1956年7月15日建成的长春第一汽车制造厂,是我国第一个"五年计划"的重点项目,也是我向往的工作地方。我要去,

20世纪50年代的婚宴

20世纪60年代的婚房

家里不同意。团支部支持我，我和家庭的关系一度很紧张。

学校的党支部书记是位老革命，有一次和我谈心，了解了我的苦闷之后，语重心长地说："小路，只要能去一汽，适当让步，不违反原则，也是可以的。"

当时，我的女朋友是和我青梅竹马一起长大的，她也愿意和我一起去一汽。最终，家里让步了，但有一个条件，必须结了婚才能离开上海。我是路家的长房长孙，婚礼要由家里做主操办。

起先团支部不同意这个方案，后来还是老支书亲自拍板同意，还和我一起详细商量了婚礼过程中的每一个细节。老支书送了我一本山东革命老区生产的笔记本，为我写了"做无产阶级的接班人"9个字。

我比老余早2年，是1959年结婚的。婚宴设在国际饭店，整个二楼被包下来，亲戚、朋友来了数百位。酒水的价格是每桌150元，这在当年可是个不小的数字，是一般人两三个月的工资啊。可是婚宴上也没什么吃的，司仪刚宣布婚礼开始，桌上的冷盘都见底了。

20世纪80年代的婚宴

那天吃了些什么菜,我差不多都忘掉了,只记得有一盆粉丝烧肉丝,样子做得蛮好,显出国际饭店大厨的水平。来客中有很多老吃客以为是来了盆鱼翅,刚说了声"这个菜还像点样子",可待到举筷把这只菜送到嘴里后才发觉上了当。

过去的规矩是要给长辈磕头的,我按照和老支书拟定的原则,至亲中凡不是地、富、反、坏"四类分子"的,才给他们磕头。就这样,一场婚宴下来,也不知道磕了多少头,弄得我是头昏眼花、四肢无力。

半个月后,我带着凭结婚证书买的那几斤喜糖,和新婚妻子如愿去了一汽,加入到我国的汽车工业行列中去了。

篝火边的军人婚宴

"老路,你这是豪华婚宴,我那婚宴可简单多了,但肯定比你要热闹!"

从小当兵搞科研的华大姐开了口——

我1957年参军,从上海到北京郊区,属国防科委七机部。不久,投入了人造卫星、导弹试制。那时的女兵可吃香了,哈军工那帮小子,一有空,准围着我们转。我那老头子就是当年哈军工的高材生,聂帅都夸过他。

我们谈了5年恋爱,其实也就是到广场上看个露天电影、到北海搞个活动什么的。首长似乎比我们更急,下了命令:该结婚了。

婚房设在哪儿?我说到咱四院来,我的房间在三楼,亮堂;他说到他们七院,他的房子大。后来,首长说:别争了,将军楼下有一间20平方米的房间,你们先住着,都老大不小了,还吵个啥呀!

结婚那天,四院的女兵弄了几辆自行车,把我的铺盖卷和她们送的锅、碗、毛巾、毯子等,连我一起送了过去。当女兵正在打扫卫生布置新房时,男兵来了。七院的男兵厉害,搞了辆三轮,把他的床也拖来了。进了新房,男兵说,这一张单人床怎么睡?咱再跑一趟,把小华的床也拖来吧!我们

80年代中期,新人结婚已经开始请专人拍摄婚礼及婚宴场景

的新婚床就是这两张单人床拼起来的。

四院、七院的事务长早就商量好了,婚宴两家合办,其实就是两个单位大聚餐而已。那时,我们每人每月有1斤鸡蛋作为特供,这一天每人拿出半斤,等于每人吃上5个鸡蛋;还有两大锅猪肉炖粉条、白菜炒黄瓜。七院一位刚从南方探亲回来的战友送来两个西红柿,祝福我们日子过得红红火火,感动得我差点掉眼泪。

那天晚上,女兵们拿出自己珍藏的小零食,男兵们取出各种酒瓶子,在山岗上架起木柴、树枝烧起火堆,熊熊燃起的篝火为我们证婚。小伙子、姑娘们吹、拉、弹、唱,热闹了半夜。当然也为未婚的兵哥兵妹们创造了一个交流情感的良机。子夜时分,指导员和事务长挑着担子来,说:"婚宴到此结束,每人一个窝头,不要忘了站岗放哨!"这老兄是在开玩笑,说咱新婚之夜要加强警卫,新房门口要派双岗,你说逗不逗!

"假领导"视察婚宴厅

挑起这个话题的老覃笑着说:我结婚比较迟,是20世纪80年代初。

那时还是什么都要票,但供应情况好多了,物价也很便宜。

为了办婚宴,我在上海跑了很多酒店,似乎都不称心。有一位当警察的朋友告诉我,国际海员俱乐部(原来的苏联领事馆,现在的俄罗斯领事馆,"文革"中改为涉外饭店)不错。

我便在四位交警(那时所有警察和军人的服饰都一样)朋友的陪同下,先到国际海员俱乐部去看一看。我们进大门时,门卫曾想阻挡,当看见我的朋友都是一身四个兜的军服时,就客气地把我们迎了进来。我觉得这里环境不错,装潢豪华、整洁,比沪上一般酒店档次高了许多。

不一会儿,门卫领着一位领导模样的人来了,他用标准的普通话对我说:"这里的安全保卫是一流的,您放心好了。"他一定以为身着便装的我

是这四位警察的头儿了，是到此来检查工作的。我心里暗暗好笑，灵机一动，说要到厨房看一看。他立马叫来厨师长，在去厨房的路上介绍道：这里食品新鲜、卫生，厨师都是从大饭店、外轮上调来的，中餐、西餐都是国家一流水平，餐饮质量是目前上海最好的等。这一路上我只能装作一本正经，不时还要指出些不足之处，比如冰箱门上有点油腻，他们马上就让人擦得干干净净。临走时，我还表了个态：整体不错，好好干！

我们刚走出国际海员俱乐部，憋了很久的5个人笑得眼泪都要流出来了。小王揍了我一拳："小覃，你新郎官还没当成，倒先做了回首长，检查起工作来了！"

就这样，我决定把婚宴定在国际海员俱乐部了。当时，一桌酒水的价格是人民币50元，当然，那每桌需要的5张侨汇券（这侨汇券是供侨胞购买紧俏商品用的，而且商品价格便宜）在朋友帮助下给免掉了。

国际海员俱乐部管得很严，赴婚宴的来宾要凭证进入。所以参加婚宴的人员要统计准确，每人一证，没有证就进不了宴会厅、吃不上酒水了。

这次婚宴菜肴的确不错，虽然每道菜的量很大，但一上桌还是一扫而光。由于厨师手艺高超，使来宾食欲大开。我的一位姨父，是个美食家，他告诉我，已有十多年没有吃到这么好的菜了。过后，他再去国际海员俱乐部，事先预定了一道绿豆芽塞肉的菜，厨师竟然真的烧出来让他吃了。这着实让他兴奋了好多天。

那时，办酒水的人家都会带上大大小小的钢精锅，把剩菜带回家。我们同样如此，还发动一些亲朋也带了锅子去。遗憾的是，我让他们失望了，婚宴上的菜肴已所剩无几，白白地带了一堆钢精锅子。

吴稚晖上海逃寿

孙云年

1934年3月5日,是生性怪僻的国民党元老吴稚晖的花甲寿辰,无锡地方人士荣宗敬、荣德生、裘可桴、丁宝书、刘春圃及《锡报》吴观蠡等,会同旅沪同乡会头面人物30余人,在上海功德林菜馆摆下几桌丰盛寿筵,为吴稚晖庆寿。事前由经办人印发了请柬,并致函吴本人请他届时莅沪,接受祝贺。为此《锡报》还在副刊上发了一条消息,因此当天到功德林祝寿者甚多。

吴稚晖

那天上午,功德林大厅上,寿幅高悬,红烛高烧,并装有霓虹灯的大"寿"字。桌上供着寿桃、寿面,各色礼品,琳琅满目。上午十时左右,衣冠楚楚的宾客们,络绎而来,他们都是一时名流。无锡的刘春圃、丁宝书、裘可桴、荣德生、吴观蠡等专程来沪祝寿,计有40多人,大家在寿堂上叙谈,恭候寿星来临。

起初大家还不在意,认为吴稚晖老一定会如期到来,也可能火车脱班,只好耐心地等待。但等到十一点三十分,近中午时分,来宾均已到齐,大家饥肠辘辘，而寿翁未到。经办人刘春圃、吴观蠡心急如焚，翘首望着门外。忽然功德林的账房先生，手拿一封信件，急急忙忙进来交与刘春圃。

刘春圃接过一看，信面上写明"上海功德林菜馆即交办寿筵的执事先生启"，正是"寿星"吴稚晖从杭州寄来的。这是怎么一回事？人不来却在这时候来了一封信，太奇怪了。

刘春圃忙拆开信来，当众宣读，内容是："诸位先生执事：奉赐帖感悚莫明，弟因先母早逝，故先外祖母不忍提及弟等出生之日，从未有所谓诞。敬璧厚帖，并叩谢诸先生，五日弟已赴杭州，亦不能陪座，歉甚。敬恒谨启。"

这样一来，弄得大家啼笑皆非，十分尴尬，目前摆着五桌酒席的寿堂局面，如何料理？吴稚晖这位老滑头和这帮朋友开了个不大不小的玩笑。

于是刘春圃、荣德生、吴观蠡、丁宝书等一再磋商，想出了一个偷梁换柱的方法，在来宾中推出一位年龄八十岁的庄仲威老人做老寿翁，改为八十大庆。于是大家入席，草草终场。

《锡报》老板吴观蠡回到无锡，报社里也接到吴稚晖的来信，拆开一看，竟是封责问信，内称："……要祝我的华诞，吓慌了我，赶紧退回帖子。先母去世太早，是外祖母不忍提及我与妹子的生日子，所以终身不曾有诞，糊里糊涂，醉生梦死地白活在狗身上，不知到今几何年？是日固然不敢上功德林，却白白牺牲了一次茶会。不料接着又有人登在小报上说那天丁先生等替我庆花甲，我才知道又登了花甲。接着又有许多看见小报的人前来问我：'3月5日必是你的生日，这秘密被我们打听到了。'哈哈！这叫作谣言处处有，中国特别多。我虽相信我或者已登了花甲，我却不敢在月份牌上拣一个茶会日子就算生日。我最反对的庆寿及过生日，所以没有庆寿我去祝拜的，这是一个硬凭据。我虽登了花甲，够得上弄个华诞出来玩玩，却不敢非玩人者又来玩己。祸从弄笔头起，请你登个义务广告，免得谣言放开来。敬恒顿首。"

吴观蠡看后，又是啼笑皆非。吴稚晖自称"年纪白活在狗身上"，登还是不登？吴观蠡考虑再三，究竟不敢不依，于是将此信原文，刊之报端。

见报后，此事在南京军政界及地方各界传了开来，作奇闻谈论，有人说："一个党国元老，自称是狗，是绝大的讽刺！"据说不久连蒋介石也知道了。由于这是吴稚晖的个人行为，且诸如此类的事，在吴稚晖身上已屡见不鲜，所以蒋介石对他也没有办法。当年笔者任职《锡报》，故知之甚详。

朱葆三大出丧

丁言昭

朱葆三

旧上海,有几条马路是以中国人的名字命名的,其中著名的一条是虞洽卿路(今西藏中路),一条就是朱葆三路(今溪口路)。

朱葆三少时在上海当学徒,1878年开设慎裕五金店,后来成为五金行巨头,并投资创办中国通商银行、华安保险公司、上海华商电车公司等;还与人联合举办一些慈善、公益、教育事业,如中国红十字会、仁济善堂、上海商业学校等。曾先后任宁波旅沪同乡会会长、联华总会董事、上海总商会会长、全国商业联合会会长等。1911年上海光复后,任都督府财政部长。当年上海滩流行这样一句话,叫:"上海道台一颗印,不及朱葆三一封信。"可见他在商界的威望。

朱葆三去世后所举行的丧礼,仪式之隆重,规模之巨大,波及面之宽广,参与人之众多,是前所未有的。

作 古

朱葆三小时候,与母亲住在乡间,每天走40里地,到城里去看望父亲，同时买些鸡鸭鱼肉米，带回去给母亲吃，这些既磨炼了他的意志，也练就了一副好身板。到了上海商界，颇有建树后，也不花天酒地，每天搓一次小麻将、一支雪茄烟、一顿西餐，因此身体不错。年过半百后，发现患有糖尿病，立即控制饮食，服药，不让病情发展。1925年8月，年事已高的朱葆三因老年人骨质疏松，引起膝踝肿痛，行走不便，经医生治疗，有所好转。第二年夏天，上海流行时疫，贫民染上后，无钱医治，只能听天由命。朱葆三见此情形，立刻着手与人创办了时疫医院（后改名为红十字医院，现为红光医院），专门免费为贫民医治。朱葆三的头衔很多，名下的公司也很多，但他并不像人们所想象的那么富有，除了自己投资一部分外，还须向各界募捐一部分。凭着他的名望和地位，事情进行得还算顺利，但毕竟年岁不饶人，一位年近八旬的老人，在炎热的夏天，四处奔波，怎么能行？况且当时朱葆三的心中还有件伤心事——弟弟在乡下去世，手足之情使他心力交瘁，终于，老人病倒了。1926年8月21日（阴历七月十四日）晚饭后，朱葆三与家人聊天，到半夜发高烧后，就昏迷不醒，忙请医生来诊视，终因年老气血俱衰，于9月2日（阴历七月二十六日）去世，享年79岁。

大　殓

9月4日下午大殓，但清早到朱宅的吊客就络绎不绝，斜桥附近车水马龙，拥挤不堪。各团体、商号均有代表前去，其中有上海总商会的虞洽卿、陈良玉，军界的前护军使何丰林，遗老盛星传。报界的有《申报》的武廷琛和《新闻报》的孙弥卿等，共100多人。

大殓时，有人将内衣、夹衣、棉衣、袍子、马褂等7件衣服一件件给朱葆三的长子朱子奎穿上，然后脱下来，放在棺材盖上。随后，把这7件衣服给朱葆三穿上，入棺，棺盖放在边上。

大殓时要点主，摆牌位，用沾上朱砂的笔在去世的人的名字上点上红点，点三次，这个人最好是状元。当年哈同去世时，请了清朝最后一个状元，叫刘春霖，聘金五千两金子。盛宣怀去世时，已找不到一个状元，最后请了一位举人来点主。点主时，死者的后代、亲戚都跪在地上，不许哭，等点完后，盖上棺盖，在场的人才允许放声大哭。点主前，奏乐、放鞭炮，非常隆重、热闹，最后分发状元糕。

朱宅请的点主大宾是前清四川江西学政镇海盛省傅太史纳纬，大赞是励建侯。

追悼会

朱葆三去世后，各团体纷纷到宁波旅沪同乡会商量，组织一个追悼朱葆三的大会，经协商后，由宁波旅沪同乡会发起筹备朱葆三追悼会。1926年9月9日《申报》上刊出《筹备朱葆三先生追悼会启事》后，上海各团体纷纷前来报名参加，计有：上海总商会、华洋义赈会、宁商总会、公济同益会、慈善救济会、救济妇孺会、绍兴同乡会、上海仁济堂、中国通商银行、水利轮船公司等。因为报名参加追悼会的单位很多，为了方便大家，只要在9月21日（阴历八月十五日）以前报名，随时可加入。1926年10月1日召开第一次筹备会时，已有70多个单位参加，到会者推举筹备会主任，讨论追悼会日期、场所、经费、仪式、新闻稿及其他事项。后又开了一次筹备会，决定于10月24日（阴历九月十八日）在宁波同乡会举行追悼会。

据说参加追悼会的中外人士多达7 000多人。会场布置得庄严隆重，大门口悬挂着大幅字："朱公葆三追悼大会"，两边有长联，青松秀竹从大门口一直放到礼堂。宁波第一公学的20多名童子军站立两边迎客，入口处有签名簿，凡入门者，赠送朱葆三肖像磁徽章一枚、纪念册一本。

一楼大厅设灵位，门口搭素彩牌楼，厅中央悬挂朱葆三的肖像，案上布满鲜花，四壁是挽联和奠帏。二楼为追悼会的会场，遗像置台上，上有横幅："中外同悲"，上联："和平本天性"，下联："浑厚见才华"。

大会开始，在主席傅筱庵致悼词后，接着有不少人讲话，李佳白说："我是美国人，也来参加朱葆三的追悼会，因为朱公生前办事不分国界，各种事业，无不热心赞助。朱公是我老友，今日去世，不仅中国人失去好导师，我这个外国人也因之失去一位好导师。"

马相伯说："诚惠公生平所行所做的简直是博爱主义，无论何人何事，他能帮忙者，无不帮忙，他受人骗，也不背后道人是非，他肯吃亏，肯负责，有今日如此之哀荣，非金钱可以买来的。可以说他为社会做的一只牛，这只牛不是人人可以做的。"其他演讲的还有王儒堂、余日章、袁观澜、黄仕之、哈少甫、袁履登、叶惠钧、陈良玉等。

领　帖

朱宅是11月4日（阴历九月廿九日）和11月5日（阴历十月初一）领帖。

领帖的第一天，观礼者极为拥挤，为安全起见，警察署长特派干练的警察前去维持秩序。宅内厅堂放着黎元洪前总统、唐前总理、顾总理、各总次长及各省文武官员送来的匾幛联诔，还有亲友送的三旗蠹牌伞，精美绝伦。

朱葆三逝世的第二天，与其有关的单位，如总商会、四明公所、宁波同乡会、通商银行、四明银行、宁绍轮船公司等，均下半旗志哀。他的家乡定海县的有关部门，县议会、县参事会、县教育会、县商会、县教育局等，自9月5日（阴历七月二十九日）下半旗三天，以志哀感。

朱宅收到许多各地发来的唁电，北京、宁波、定海等，对朱公的仙逝，深表哀悼。吊客有900多人，各界人士都有。傍晚时分，军乐队奏乐，由追悼会总主任方椒伯为首，将匾额"诚惠"两字，装置花亭，送入朱宅，朱氏家族众人，恭候相迎。

新闻界记者更是忙得不亦乐乎，《申报》《新闻报》《字林西报》等均派出能干的记者前往采访、摄影，抢新闻。

领帖的第二天，团体公祭，前来的有上海总商会、上海县商会、中国通商银行、招商局及公立和私立的学校等100多个团体。

前往吊唁者有：联军驻沪办公处处长宋雪琴、沪海道尹傅写忱、前淞沪护军使何茂如、电报局长罗醒夫等1 400余人。

出　殡

自从朱葆三逝世后，街头巷尾，酒楼茶馆，都在谈论朱葆三大出丧之事，一时间，成为1926年的特大新闻。那些为朱宅操办丧事的人们也真是忙得焦头烂额，经过什么路，丧礼队的安排，与各界的联系，动用武装警察，过租界地等，都得向有关部门申报。一般说来，这些关节都是很容易打通的。

经过一番紧锣密鼓的准备，在朱葆三去世两个月后的11月6日（阴历十月初二）举行大出丧。

午后一时半，从西门外斜桥朱宅出发，仪仗队多达32种：① 法国巡队和英国巡队；② 救济妇孺会乐队；③ 路由牌；④ 丧旗；⑤ 堂名牌；⑥ 普益习艺所乐队；⑦ 旗队；⑧ 像车；⑨ 普善山庄乐队；⑩ 牌队；⑪ 团体送客；⑫ 孤儿院乐队；⑬ 私谥亭；⑭ 警察厅马巡队；⑮ 警察厅乐队；⑯ 防守司令部步兵队；⑰ 奠图队；⑱ 灵位车；⑲ 贫儿院乐队；⑳ 伞队；㉑ 送客；㉒ 闸北慈善团乐队；㉓ 众姓伞队；㉔ 花圈；㉕ 主车；㉖ 随马；㉗ 法公董局乐队；㉘ 法界商团；㉙ 灵柩车；㉚ 灵幡；㉛ 孝帏；㉜ 送车。

由于各租界和华界都希望队伍能经过自己的区域，因此队伍绕道多走了不少路。最后到达金利源码头上新江天轮船。

队伍中的亲戚朋友、朱家子孙、执拂者都在用白布围绕的长方形中行走，灵柩任何时候停，子孙随时要跪下叩头，披麻戴孝，手中还拿了根三尺高的孝杖棒，棒上用白布包裹，自上而下飘着流苏。遇到路祭，也得停下叩头。一路上有36处路祭，路祭的摆设壮观，大约要数宁波会馆董事会为第一了。门口迎面而来的是一座用松柏组成的大牌楼，上悬四盏红灯，中间鲜花扎成的"奠"字，并有"董事会公祭"五个大字，金光闪闪，两旁是一对贴有"路祭"字样的灯，交叉着两面旗。门内空地上搭有一个木棚，朱葆三的大照片设在菊花、竹枝堆成的小山上，周围点缀着五彩灯泡，灿烂辉煌。遗像两边设置了玻璃屏风，陈列各种祭肴。自午时起，观看者甚多，简直是人山人海。

出殡队伍所经之处，观看者有的拥在道旁，有的爬上屋顶，电车、汽车停驶或绕道而行，但道路仍拥挤不堪，队伍常常被迫停下，无法前进。巡捕房不得不增员，骑机器脚踏车，来回驾驶，让围观者留出一条通道。尽管如此，还是出了点事故，有三个人被车撞伤，送往仁济医院治疗。据报道，这天在路旁观看的人，当在50万以上，真可说是万人空巷。

英美烟草公司、新人公司和明星电影公司都派人拍下出殡的盛况。

回　籍

朱葆三30多岁离开家乡到上海，但一直念念不忘家乡的父老乡亲。1902年1月，朱葆三与人一起在定海家乡创办了官立申义蒙学堂；1912年，该校改为私立申义小学校，办学的经费主要由他承担。他还为家乡造了两座桥，为了纪念他，家乡人把桥取名为佩桥和珍桥，因为朱葆三又名朱佩珍。

朱葆三去世后，家人遵照他的遗愿，扶柩回乡，也应了中国人的一句古话：叶落归根。

11月6日傍晚将灵柩迎入新江天轮船，随船者有200多人。7日黎明船抵镇海口时，要塞司令部所隶属各炮台，均鸣礼炮，要塞司令和外海水上警察厅厅长前来迎候，6时船抵宁波，当地各官厅团体，借招商局地方，设位祭奠。第一次主祭者是会稽道尹朱文劭，陪祭者是警察厅长、知事等。第二次主祭者是丁忠茂和总商会各业代表等。9时，新江天轮船离开宁波，10时到镇海，人们整齐地排列在岸上迎候，他们中有商会、教育会、县议会、参事会成员及朱葆三的亲朋好友等，军警和童子军严肃地站立着。码头的旗杆上高高地飘扬着一面白旗，上边绣着"朱葆三先生灵輀归乡"。旁边有三座牌楼，横幅上写着"魂兮归来"四个大字。祭奠分四批：第一批是当地的官绅；第二批是绅商；第三批是朱公家祠下徽荫学校的师生；第四批是童子军及乐队。祭奠结束后，船调头出港，向朱葆三的原籍舟山驶去，巡逻舰鸣炮相送。

波浪向两边分开，船稳稳地向前行进着，没过多久，舟山已遥遥在望，只见东狱山上万头攒动，隆隆炮声齐鸣致敬。船入港，定海各小学的学生手持小旗相迎。牌楼矗立在清风中，旁边军警林立，僧道鸣钹敲钟，礼忏步罡，循俗招魂。定海的男女老少聚集在江边，蜿蜒数十里，与仪仗队联在一起。

8日，备齐全部仪仗，恭迎入城，凡车辆都绕道，不走主要街道，所有商店，通通下半旗，路祭之多，无法数清。10日入土。一代商界巨子从此静卧故土，与家乡的绿水青山、树木花草相伴。

静安寺遛牛

沈锦华

清代的上海,有个独特的景观:每逢农历四月八日,四乡农民都会牵了各家的耕牛来到静安寺遛一圈。"遛牛"一景起于何年,已难以查考,至于为何要到静安寺遛牛,似与农耕时节及农民心理有关。

四月初八即浴佛节,是汉传佛教所定的释迦牟尼生日。这一天,佛寺要举行大佛会,山门外施舍饭食,周围则是庙会,十分热闹。上海诸佛寺中,以城内的广福寺和城外的静安寺办得最红火。后来,城内的佛寺因受地域限制,不如城外的静安寺做得出世面。年复一年,由静安寺发起举办的大佛会渐渐为上海人所认可。在清代时,静安寺大佛会已成为上海的民俗节日,一到四月初八,四乡人士纷纷扶老携幼,都以参加静安寺大佛会为乐。农历的四月初八,时交初夏,农民即将投入繁忙的夏种。不知何人想出,为保佑夏耕顺利进展、秋后五谷丰登,把耕牛牵到静安寺去遛一遛,让牛也受佛祖的"调教",使它回去后老实勤恳地耕作。上海人历来好看样、爱从众,只要有人带了头,于是便一传十,十传百,信者渐多。况且牛自己会走,一路上又有草有水,顺手牵牛,何乐而不为?这样,农民们一年一度赴大佛会,必牵了牛来到静安寺。这一天,静安寺前人头济济,牛鸣哞哞,人牛同乐,别有一番景致。外乡人初见此景,便诧异不已:"原来上海人信奉菩萨,分外稀奇!"他们认为"牵牛到静安寺既无稽又荒唐"(见晚清小说《玉佛缘》第四回)。但老上海们却我行我素,相沿成习,四月初八参加静安寺大佛会成了人与牛的欢庆节日。

上海开埠后,在静安寺前筑起"静安寺路"并被圈进租界。随着静安

静安寺浴佛节盛况

寺地区的发展与繁荣,四乡农民自然也就不能再去遛牛了,但每年四月初八的大佛会还是照样举行。至于庙会,1963年还举办过一次,笔者曾去游玩过。那时,静安寺山门前花岗石砌的井台、护栏以及经幢似的石碑(上书篆体"静安古刹"和楷体"天下第六泉")还在……

清明墓祭说青团

周三金

青团是上海和江南地区最著名的传统点心之一,已盛行沪上百年。而如今上海青团品种之多,销量之大,均远胜历代,成为颇受人们喜爱的节令佳品,并闻名海外。

清明节扫墓由来已久

清明节起源很早,但起初只是我国二十四节气中的一个节气名。汉《淮南子·天文训》记载:"日行一度,十五日为一节,以生二十四时之变。斗(斗星)指子,则冬至……指乙,则清明风至。"即从冬至开始经小寒、大寒、立春、雨水、惊蛰、春分后15天,当斗星指乙之时,就是清明。它表明已到了清静光明、大地回暖、万物向荣的节气。"万物生长此时,皆清净明洁,故为清明"(《燕京岁时记》)。可见那时清明节并无上坟扫墓之俗,只有踏青出游。

据史书记载,墓祭之俗,早在夏商周三代就有,但时间在农历十月一日。汉朝及隋唐时期,人们都在清明节前三日的寒食节上坟扫墓。到了宋朝,清明节才逐渐成为人们上坟扫墓的重要风俗之节,而且规模空前。《东京梦华录·清明节》中曾记载了当时的盛况:"清明节,寻常京师以冬至后一百五日为大寒食,前一日谓之炊熟,用面造枣𩟁(音胡,饼类食品)飞燕,柳条串之,插于门楣,谓之'子推燕'(以介子推为名)。子女及笄者,多以是日上头。寒食第三节,即清明日矣。凡新坟皆用此日拜扫,都城人

绿波廊本式青团

出郊。……禁中（宫廷）出车马，诣奉先寺道院者，祀诸宫人坟。"从此，清明节上坟扫墓之俗历代相传，而且一代盛于一代。清朝中期，旧上海清明节也是"风卷纸钱灰满路，合城扫墓赶清明"（《上海县竹枝词》），"清明共把祭宴开，寒具青龙满案堆。芳草夕阳归较晚，家家都说上坟来"（清硕翰《松江竹枝词》）。清明节的祭品和节令食品也随之增加，青团就是其中之一。

清明节吃青团可"长阳气"

用米粉作团，早在周朝就有，《礼记》和《楚辞》中均有记载。但当时都是无馅心的粗粉团子与饼块，作为寒食节的祭品与食品。后来随着米粉作团制糕技术的发展，才相继出现了各种含有荤素馅心的糕团及春节、元宵、清明节等传统节日的糕点。据南宋吴自牧所著《梦粱录》记载，那时临安（今杭州）的荤素食店出售的糕团点心中就有"金团""汤团""夹沙团""麻团""金橘团""糍团""三色粉团""栗糕""重阳糕""乳糕""蒸糍"等30余种。其中"蒸糍"就是取用青草叶裹包糯米蒸制而成。宋陈元靓《岁时广记》中也载有"寒食以糯米合采蒻(音若,即香蒲,俗称香草)叶裹包以蒸之",那是当时的"青色糍团"。还有"三色粉团",据说也是取用青草汁与米粉拌制而成。但当时人们没有定名"青团",实际上它是当今"青团"的前身。到明清时期,江浙两地糕团店取用青草或青色蔬菜、麦青等捣成青汁和米粉相拌,制成青色团子和青糕后,才正式取名为"青团""青糕"应市。清代袁枚所著《随园食单》中首先记载了当时青团、青糕的用料与制法:"青糕青团,捣青草为汁,和粉作团,色如碧玉。"后来苏州的糕团又增加了以甜豆沙为馅心,形成了甜豆沙为馅的"青团",一直延续至今。

与此同时,浙江、福建和四川等地也相继取用荠菜、青莲、苦苣、青萝卜泥等青色植物与米粉相拌,以豆沙、素丁、卤味丁为馅,制成了"清明丸""清明狗""清明羊""清明饭""清明果""清明菜"等,从而形成了江南地区清明节都以青团和各种青色食品作为祭品与食品的生活习俗。清顾禄所著《清嘉录·三月》载:"市上卖青团、炸熟藕,为居人清明祀先之品。"

清明节所以盛行食青之俗,这与古时道家的理念有关。道家视清明为阳气焕发,食用青色食品可长阳气,延年益寿,故而寒食节要吃青色饭。明代郎瑛在《七修类稿》中曾说:"古人寒食,采胡桐杨叶,染青色饭以祭,资阳气也。今变为青白团子,乃此义也。"

上海年销青团数千万只

上海本地原来盛行小圆子、米糕、甜酒酿、八宝饭、粽子以及小馄饨、小笼馒头等点心。那时清明节上坟扫墓也以白团、米糕为祭品。清咸丰元年(1851年)开始,随着苏州糕团店陆续来沪,苏式风味的桂花赤豆糕、黄松糕、金团、汤团、青团等糕团也相继登陆上海。最早在沪经营苏式糕团的点心店有"五芳斋糕团铺""西万兴糕团铺",后来又有"北万兴糕铺",分别开设在南京东路和金陵东路(原名公馆马路)上。清同治、光绪年间又有"沈大成""吴生大""四如春""戴福昌"等糕团铺出现。清末民初则有"乔家栅""赵大有""五芳斋""谢顺兴""王家沙"等大批糕团铺开业。到抗战胜利后,沪上已有大小糕团店摊两三百家之多,清明节都大量生产青团。最出名的是"五芳斋""沈大成""乔家栅""乔家栅食府""王家沙""四如春"等十几家,他们生产的青团味道好,卖相挺,一直深受市民欢迎。但到了"十年动乱"期间,青团竟被视为"四旧食品",曾一度停止生产。1978年,随着餐饮业各帮经营特色菜点恢复,青团也重新面世。

  改革开放以来,人民生活水平显著提高,人们日常生活与过节需要的各种点心大量增加,清明节时青团的需求量也随之大大增加。如今,沪上清明节生产与销售青团盛况空前。首先,生产青团的厂店大量增加。原来全市只有数十家糕团厂店生产与销售青团。近一两年来,为满足顾客的需要,上海杏花楼、新雅粤菜馆、功德林素菜馆、洪长兴羊肉馆以及全市各大食品厂店等两百多家单位,都打破惯例增加青团生产与销售。其次,销售网点大批增加,全市的食品店及各大超市连锁店都有青团出售。青团年销售总量由20世纪80年代的800万～1 000万只,增加到数千万只。其中仅黄浦区五芳斋、沈大成、乔家栅、绿波廊酒楼、杏花楼、新雅等十几家销量就达800万只左右。第三,青团品种也有所增加。原来沪上青团大多是苏式与本帮两种,现在又增加了"广式""素式""清真式",虽然都是青团,但其用料与制法及口味都略有不同。还有一些企业尝试用鲜肉、黑洋酥、芝麻、核桃等为馅制成青团。当然,上海人还是比较喜欢吃苏式与本帮的青团。

自制青团有乐趣

青团的制作较为简单,一般家庭也可以自制。家庭制作可选用糯米粉1 000克(或800克糯米粉、200克粳米粉拌和)、甜豆沙500克、青汁(麦青或青菜与菠菜榨汁)400～600克、麻油5克为原料。烹制时,首先将米粉加少许开水拌和,加青汁调匀,反复揉搓至粉团光滑、软硬适中后,搓成长条,摘成每只75克重的胚子,然后逐一压扁,加入豆沙馅心,捏拢收口,搓圆成团。接着,蒸笼内垫上湿布,将青团放入上笼旺火蒸20分钟左右,至青团表面鼓起、色泽显青时取出,倒入涂过油的大盘内,再逐只刷上一些麻油即可。这种色泽碧青、韧糯细甜的青团,吃起来满嘴清香,其乐融融。

江南的"水龙"和"水龙会"

薛理勇

2001年春,在宁波服装博物馆馆长陈万丰的帮助下,上海市历史博物馆在宁波农村征购到一套比较原始的灭火器具。当时,年轻的工作人员无法给这套器具取名,只能用简单的办法称其为"老式灭火工具"。实际上,这种"老式灭火工具"原先是有名称的,那就是"水龙",或曰"灭火龙"。现在人们把一种用很厚的帆布做的消防用带子叫作"水龙带",就是源于"水龙"而得名的。

据清人陆以湉《冷庐杂识》卷六记载:"救火之器,古惟水袋、唧筒。顺治初,上海县唐氏得水龙之制于倭人,久而他处渐传其制。"中国古代建筑大多为砖木结构,很容易着火。一旦发生火灾,仅靠人力用水桶泼水,往往很难将水泼到建筑物的起火部位。所以古人研制出水袋、唧筒之类的灭火工具。"水袋"是用羊皮做成一个大口袋,在口袋上装一杆一头大一头小的"枪",将水灌进口袋后,靠人力用劲挤压水袋,袋中的水通过"枪"喷射到较高的地方。"唧筒"即水枪,它用两根毛竹(或木制)组成,将一杆细的套入另一杆粗的当中;灭火时,将水灌入粗的毛竹筒中,用力将细的毛竹向下压,筒中之水受压后即从细竹筒喷射而出。可以想象得出,不论是水袋还是唧筒,其盛水量是极少的,喷射距离也不会太远,所以其灭火能力是很差的。到了清顺治年间,上海的唐姓家族从日本引进了一台灭火工具,再自行仿制。这种被叫作"水龙"的器具,从此便流行全国各地。

所谓"水龙",实际上就是原始的人工水泵。这种泵的抽水能力较低,其形制通常为一只较深的腰形水桶,水桶下装轮子,以便于移动,桶里则安装水泵。使用时,由水夫从远处挑水到水龙边,将水倒入桶中,数人上

《点石斋画报》中的水龙救火图

下扳动水泵的杠杆，桶中之水从泵的一头进去，又从另一头通过"水龙带"射向失火处。这种水龙的喷水射程可达10余米，只要桶中之水源不断，喷水就可连续进行，其灭火能力当然比原始的"水袋""唧筒"强多了。在机械水泵出现之前，它是中国最主要的消防工具。

中国是农业大国，各地也相应形成了一些与农业有关的节日和风俗。以前，江南一带把农历五月二十日定为"分龙日"，并以为"分龙日"的次日若下大雨，将预兆当年秋粮丰收，有民谚为证："二十分龙廿一雨，石头缝里都是米。"然而天有不测风云，万一五月廿一日是个大晴天，那不就等于当年秋收倒霉了吗？于是民间产生了一种补救办法，在"分龙日"那一天，把所有可以抽水的、盛水的、提水的工具都集中起来，五月廿一日那天万一不下雨，就干脆来个"人工降雨"。这就是农谚说的"二十分龙廿一雨，水车搁拉弄堂里"。

自水龙逐渐在各地普及后，江南的大多数城镇由当地政府和慈善团体出面组织一种叫作"水龙会"的机构，实际上它就是民间的消防团体。"水龙会"也定在五月二十日举行隆重而又热闹的活动。届时，"水龙会"的会员以水龙开道，挑水夫不停地将挑来的水倒入水龙的木桶里，管水龙者压拉水龙杠杆，从水龙带中喷出的水洒向围观的人群，而喜欢轧闹猛的孩童也从家里拿来盛水的器具，趁机泼水嬉闹，那场景真有点像"泼水节"。这样，五月二十日的"水龙会"便由原来祈祷丰收的农业节演变为检查消防设备、检阅消防能力的原始"消防节"。

开埠后的上海逐渐发展成为一个人口密集、商业繁华的大城市，租界当局更是关注城市安全，建立了属于市政管辖的消防机构和专业的消防队，当时又被中国人叫作"水龙会"，也定期举行大型宣传活动。《点石斋画报》曾多次介绍上海租界"水龙会"的盛况：

西人水龙会每年夏秋间举行一次，是夜齐集（黄）浦滩，各水龙排定次序。居前者为灭火龙，另扎一纸置车上，中烛以火，旁悬五彩琉璃灯，其后十余车如前式，间以花、火球、火字及西人音乐，光怪陆离，耀人耳目，来观者如潮。

以展示消防设备、检阅消防能力为主的"水龙会"也成了上海一年一度的热闹节日。据说，上海租界每年举行"水龙会"时，总是会发生一两起重大火灾，外国人也十分迷信，担心无意之中触犯了火神，"故不复迎赛，仅于（黄）浦滩演习放水之法"。据记载，1897年上海的侨民为庆祝维多利亚女王在位60周年，又举行规模空前的"水龙会"，这也是上海租界举行的最后一次"水龙会"。

"六月六狗浔浴"和"晒袍会"

申持中

江南有"六月六，狗浔浴"的民谚。在农历六月初六那天，民间有这样一个风俗，凡是养狗养猫的人家，一定要给它们洗澡，据说这样可以预防狗和猫生虱子。至于这种风俗的起源及确切的意义，不要说我们，即使几百年前的人也弄不太清楚了。清代吴江人郭麐《浴猫犬词》："六月六，家家猫犬水中浴。不知此语从何来，展转流传竟成俗。"

清代徐祯菁《尧山堂外纪》中讲了这样一个有趣的故事：明朝有一位叫毛埕（栗庵）的人，一次他去拜访好友杨南峰，杨南峰正在洗澡而未能出迎，毛埕十分不高兴地走了。几天后，杨南峰为表示歉意，又专程回拜毛埕，毛埕也借口正在沐浴而暂时不见客。杨南峰只得打道回府，临走时他却留了一张名片给毛埕，上面写着："君来拜我我沐浴，我来拜君君沐浴。君拜我时四月八，我拜君时六月六。"杨南峰诗中套用了两个岁时风俗典故。中国佛教认为四月八日是释迦牟尼的诞辰，这一天寺庙里的僧人要清洗佛像，称为"浴佛节"，后来形成佛教的庙会；而民间认为六月六日必须给狗猫洗澡。杨南峰把自己比作佛释迦，而把毛埕比作狗，固然是一种恶谑，但从中也可看出"六月六，狗浔浴"在社会生活中的影响之广。

这一风俗的文字记载，最早见于明沈德符《万历野获编》，内云：六月六"狗猫之属亦俾浴于河"。值得注意的是，在此段文字之前还有"至于时俗，妇女多于是日沐发，谓沐之则不腻不垢"。可见，明代已盛行妇女在六月六日洗头的习俗。

中国的术数理论可上溯到春秋以前，并在几千年的传统文化中占有重

古时候，人们在六月六晒书和晒经

要地位。根据这一理论,男为阳,女为阴。于是,《周易》又把数分为阳数和阴数,其中一、三、五、七、九为阳数,"九"为"极阳之数";偶数二、四、六、八、十为阴数,"六"为"极阴之数"。六月六是两个"极阴之数"相逢,术数理论称之"克",于妇女自然多有不利。而后人在阐发《周易》的阴阳之道时又讲"天一生水,地六成水",如中国最大的民间藏书楼——天一阁中的"天一"即取义于此,因为藏书楼最怕火烧,取"天一"即取"水",可以克火。显然,中国古代妇女择六月六沐发,就是由术数理论而产生的一种辟邪风俗。

上海谚语有"狗打喷嚏——天好"之说。干是乎在沪上便产生了一种常见的戏谑,当某人打喷嚏时,也许旁边人会开玩笑地说:"天好了!"这其实是隐指打喷嚏者为狗也。我想,六月六既是对妇女不利的日子,妇女们用沐发或沐浴驱邪,于是六月六也就成为固定的妇女沩浴的日子;"六月六,狗沩浴"也许初为嘲笑和调侃妇女的话,后来以讹传讹,它竟成了岁时风俗,并一直流传至今。

《宋史》载:"大中祥符四年,诏以六月六日天书再降日,为天贶节。"可见六月六古代也叫作"天贶节"。《万历野获编》中记:"六月六日,内府皇史晟晒曝列圣实录、列圣御制文集诸大函,每岁故事也。"这一天,皇宫中要把库藏的书籍文献进行翻晒。对上海人来讲,六月六的"晒袍会"是很热闹的活动。这一天,城隍庙的道士们要将库藏的道袍、人们敬献给城隍及城隍娘娘的衣服等拿到庙园的广场上翻晒,这简直是城隍和他的娘娘的"时装展览",吸引了无数人前去观看。清人张春华《沪城岁时衢歌》中咏道:

> 天贶晴开化宇高,
> 郝隆腹笥重词曹。
> 拈毫记咏江乡事,

好向东园看晒袍。

"东园"即今豫园的内园，它原是城隍庙的产业，因其在庙东而被叫作"东园"。

江南地区的阳历6月至7月间，北方冷空气和南方海洋温湿空气处于对峙状态，空气湿度较大。中国历法习惯上把芒种（一般在阳历6月6日）后的第一个"壬日"作为黄梅季节的开始，称之"入梅"，把夏至（一般在阳历6月22日）后遇到的第一个"庚日"看作黄梅天的高峰已过去，叫作"出梅"，又把小暑（一般在阳历7月7日）作为黄梅天的结束，称为"断梅"。黄梅季节气候温湿，物品极容易发霉，所以又写作"黄霉"。过了这个梅雨季节，趁天气晴朗的日子，把橱柜中的衣物取出晾晒，本是情理中事，民间称之"晾霉"。农历六月六日一般在阳历的7月中旬，正好在"断梅"之后。由此看来，所谓"天贶节""晒袍会"云云，无非是人为地选择了一个晾霉的日子，再加上点神秘主义而已。

七夕与祈子风俗

申持中

农历的七月七日是中国古代的"妇女节",七夕的许多风俗活动是在妇女中开展的,自然也寄托着妇女们的种种愿望。大概因为1949年后我国正式将每年3月8日的国际妇女节定为中国妇女们的节日,更主要的是因为半个世纪来妇女们在社会生活中的地位有了很大提高,因此,才使七夕的风俗逐渐被淡化了。

"磀(音近晋,即沪语"丢"的发音)巧"曾是七夕的活动之一。这种活动很简单,但意义深远。在七夕的前夕,用杯子盛水,放在露天,七日中午,妇女们围在杯子周围,把"引线"(沪语,即缝衣的针)轻轻搁到水面上。由于水的涨力系数关系,"引线"一时不会下沉,在强日光的泛照下,针的影子在水下泛动,"或散如花,动如云,细如线,粗如锥"。妇女们就根据针的影形纷纷说起吉利话,北方人称之"丢巧",江南一带则叫作"磀巧"。这项活动的目的,就是祈祷天上的仙女给人间女子们一双灵巧的手。古人有咏磀巧诗云:

> 穿线年年约比邻,
> 更将余巧试针神。
> 谁家独见龙梭影,
> 绣出鸳鸯个度人。

现代文明带来的大机器生产,使包括农家妇女在内的女性们从手工棉

吴友如笔下的七夕磐巧风俗

纺和家庭缝纫中解放出来,针线活已不再成为妇女必须掌握的技艺,"磐巧"风俗首先在城市中消失,继而在农村也消失了。

今天,姑娘染指甲成为时尚,市场上供应的多姿多彩的指甲油任人选购,纤指上的色彩令人眼花缭乱,然而在古代,妇女们也只能在农历七月染指甲,而且色调只有一种红色。七月是凤仙花盛开的季节,姑娘们采摘庭院篱笆边的凤仙花朵,将其捣烂后放入少许明矾,就成了指甲油。不过,原始的指甲油很容易脱落,使用时要先将油涂在指甲上,再用布扎紧,第二天才将布松开。

七夕时喜鹊在银河上搭桥,使牛郎织女一年一度在桥上相会,这固然是一个带点悲凉的故事,但对长期两地分居的牛郎织女来说也算是一年之中大喜的日子。秋高气爽,晴空月夜,妇女们遥望星空,祝愿牛郎织女团聚,同时也祈祷自己的婚姻美满。她们在庭院里放上搁几,摆上干果,点上线香,遥拜上苍,称之为"看天河"。七夕又是首秋之月,离秋收的日子已不远了，这种风俗后来也掺入了农家祈祷秋收丰登的意义。古人有《七夕看天河》诗：

> 未弦月色映前溪，
> 静夜银弯一望低。
> 欲卜秋来新米价，
> 天孙远嫁在河西。

"母以子贵"，对妇女来讲，生儿育女是她们所乐意完成的使命，但她们更希望子女成才以提高自己的地位。在封建社会里，五子登科、儿孙绕膝是妇女们最高的理想。《东京梦华录》中记载，每到七夕之前，街头的摊贩争相出售一种叫作"种生"或"五生"的东西，"以绿豆、小豆、小麦盛于瓷器内，以水浸之，生芽数寸，以红蓝彩缕索之"。元代白朴的杂剧《梧桐雨》中唱道："小小金盆种五生，供养鹊桥会（牛郎织女鹊桥相会）丹青帧，把一个米来大蜘蛛儿抱定。"古人把怀孕叫作"有喜"，"喜"和"线"音相似。蜘蛛吐线，蜘蛛也在线上爬行，而"蜘"又谐"子"。现在仍可从风俗画中看到一根线上吊一只蜘蛛的图案，叫作"喜子（线蜘）"，有的也题额为"抬头见喜"，这是古代的祈子图案。现代人已弄不清这图案的确实意义，在室内看到蜘蛛从天而降，就会说："这是喜蜘，今朝一定有喜事来。"他们不知道，"喜子"仅仅是"喜得贵子"的象征，与其他好事无关。用五种植物种子催发的芽也具有象征意义，是祈祷妇女生育多子，即所谓"五子登科"。而用豆子催发的芽就是豆芽。我们今天吃的豆芽也与七夕风俗有关，你相信吗？

立夏吃蛋和称人

薛理勇

立夏日一般在公历的5月6日、农历的四月头上，中国历法定这一天为夏季的开始，所以叫作"立夏"。立夏处于春夏之交，气温变化较大，同时，古人认为从这一天开始，人们将经受酷暑的考验，尤其是抵抗力较差的孩童可能会得一种叫作"疰夏"的疾病，于是各地流传种种预防疰夏的方法和风俗。

清代大学问家梁章钜在《浪迹丛谈》中记载，浙江一带的老百姓都要在立春（一般在公历的2月4日，中国历法把这一天作为春天开始的第一天）的这一天折樟树枝，带叶焚烧，取其灰烬，到立夏日那一天，用樟树灰烬和面粉制作馒头，再将馒头油煎或油氽，然后给小孩吃，据说，服后可以预防疰夏。这种风俗当地人称之"忎春"。北方也有相近的风俗，据《帝京岁时纪胜》中记载：北方人在清明扫墓后，用柳条将祭祀祖宗供的糕点干果穿起来，放在屋檐下风干，"至立夏日油煎与小儿食之，谓不龋（通"疰"）夏"。

上海地区也有自己的预防疰夏的良方。一种就是在立夏日那天吃荠菜馄饨，或吃一种叫作"草头摊粞"的食品，草头即苜蓿的嫩叶，将其剁碎后和在米粉里摊饼。还有一种即吃麦蚕。立夏时，大田里的小麦正在灌浆，离收割期尚有半个月。人们把尚在灌浆而未成熟的麦子磨成浆，制成一种形状如春蚕的食品，据说"小孩食之不蛀（同"疰"）夏"。以上介绍了几种各地流传的预防疰夏的方法，至于其是否真能预防疰夏，那就"天晓得"了。

吴友人笔下的立夏称人

江南最流行的预防疰夏方法当数"七家茶"了。据《清嘉录》《吴郡志》《西湖游览志》等记载江南风俗的书中讲,在立夏的那一天,江南城镇和农村的妇女都会向邻居乞讨一些陈年的茶叶,每家每户也必定会准备些陈年茶叶等候他人来讨,叫作"乞家茶"。大概到了清代中叶,由于"乞"和"七"谐音,于是乞讨茶叶规定以七户人家为限,又被叫作"七家茶"了,再把讨来的茶叶放在一起,用隔年的陈炭烧煮茶水,小孩吃后就不会痘夏了。

鸡蛋的"蛋"音谐诞生的"诞",至迟在宋代,民间就流传将鸡蛋染色成为"华蛋"来庆贺生日——"华诞"的风俗;而古代汉语中,"华""花""夏"是可以通用的,而蛋的形状是圆的,又可以暗喻圆圆满满、平平安安,于是农家主妇在每年立夏用线绳编织小小的网袋,再在袋里装上一只染色的熟鸡蛋挂到孩童的胸前,用以祈祷保佑小孩顺利度过酷暑。

实际上,立夏时期也是农家青黄不接的时期,初春播下的种子尚为幼苗,去冬种下的麦子尚未收割,而立夏前后倒是家禽产蛋的旺季,农家几乎家家存有不少的鸡蛋,"四月鸡蛋贱如菜",市场上鸡蛋的价钱极为便宜,这可能也是中国人把立夏吃蛋当作风俗传统的一个原因。清初文学家袁枚《随园食谱》中就详细记录了茶叶蛋的烹制方法,兴许,今日所讲的茶叶蛋就是立夏"七家茶"与吃蛋风俗的混合。

清代张春华《沪城岁时衢歌》中咏道:

深院垂帘静昼长,
家厨樱笋酒初香。
持衡笑语论轻重,
骨相凭君子(仔)细量。

清代秦荣光《上海县竹枝词》中也说:

麦蚕吃罢吃摊粞,
一味金花菜割畦。
立夏秤人轻重数,
秤悬梁上笑喧闱。

词中"持衡"即"持秤"(金花菜即草头),可见,清代上海立夏称人是颇热闹的。立夏称人的风俗依然与预防疰夏有密切的关系。疰夏在中医上叫作"夏痿",是主要暑症之一,常发于儿童和体弱者身上,症状为心烦身倦,体热食减,患疰夏者因食量减少而消瘦。人们择立夏日称人,再到立秋日复秤,就是检验人的体重,如体重减轻,就表示该人在夏日得过疰夏之疾。久而久之,立夏称人就作为一种风俗传下来,尽管后人大多已不知道其所以然。

民国初以前,称人多用杆秤。我家还有一杆大秤。我的祖母曾对我讲,我们住的弄堂里只有我家有这样的大秤,所以每当立夏,邻居们都会到我家称人。以后,街头设立称体重的磅秤渐多,我家附近的许多商店也备有称物的磅秤,每年立夏,自然又是磅秤最忙的时间。大概在十几年前,一些小商还手抱一只体积较小的磅秤到弄堂里吆喝:"称人哟!称人哟!"但仅隔数年之后,这种现象就消失了。对大多数年轻人来讲,立夏称人只是一个离奇的故事罢了。

立夏吃蛋吃"青头"
——崇明旧时节庆习俗之一

石国雄

我父亲石旭东有个好习惯，一生喜欢写日记。尤其是他60岁退休至80岁去世，给我们留下了40本日记。除了日常家用记事之外，还记下了旧时崇明的节庆和习俗，读来很有意思。现逐次摘录如下，以飨读者。

端午一过，立夏马上就跟了上来。父亲在日记中回忆说，家里即使在最困顿的时日，每年立夏节给每个孩子的两个蛋，即咸鸭蛋和白煮鸡蛋，总是要保证的。"立夏在崇明城乡大致相同。既然是节日，无非备些菜肴，阖家团聚团聚。我们家的习惯是，这一天要吃七种青头，即绿色的食物：海蛳（螺蛳）、梅子、面蚕（青蚕豆）、樱桃、青壳鸭蛋、烤子鱼（凤尾鱼）、竹笋。海蛳在自己家炒不如上街去买方便，一个铜板一包，味道可以回家以后自己调节。另外，立夏日都要称称体重。我家在老宅厅上，挂了一杆大秤，是平时称稻谷、芦柴用的，上面刻有'石师谦堂备用'字样，谅是宅制的。挂在两柱子之间的横梁上，秤钩上挂有丝汗巾，人就坐在汗巾上称。立夏称人的习俗不知出自何年，称的目的不知是什么？我们家是历代相传，照此办理就是。取消这种旧习俗，大约是在解放以后。"

在立夏和中秋节之间，隔着一个地藏菩萨生日，那是阴历七月三十日。父亲写道："每逢这天夜里，家家拿了棒香，插在门口，形容地堂开眼。我小时候总要到墙门口，左右望去，那景象，真的像土地要裂开一样，街上两行'繁星'闪烁，有的门口还插上两支蜡烛，更加明亮。第二天一早，孩子们先到街上拔棒头，然后再回家里拔。双手捧上一大把，像现在的游戏棒一样，就是没有多少颜色。当时儿童手中的棒头，女孩子拿来编

立夏称人

立夏当日，孩子们的脖子上总要挂上一个用红色网套套着的蛋

织小帘子,男孩子则以此作为赌博的筹码。为了在街上抢拔香棒,往往有人争吵,还有人打架,我们兄弟自知家里可拔不少,所以只管自扫门前雪,不去拔邻家门口的棒头。"小棒棒的玩瘾还没有过完,小朋友们更大的乐趣——中秋节转眼就到了。

中秋夜点香斗拜月
——崇明旧时节庆习俗之二

石国雄

关于中秋的记忆,父亲在日记中写道:"然而,中秋节对我来说,是有悲有喜的日子。喜的是八月十五的月亮又明又圆,人间团聚,皆大欢喜;悲的是这日是祖父的殇日。我离奶后就与祖父母睡在一起,得到祖父母的疼爱,祖母六月初一故世后,我便与祖父睡在书房里。八月十五凌晨,祖父因祖母丧而积伤成疾,溘然长逝。从此,中秋拜月的祭祀直到两年六十日脱孝,才重新开始。

"中秋节夜晚点香斗拜月,还是祖父母在世时开始的,是最虔诚的礼数。那日晚在新宅场心,搬了张八仙桌,大家吃过晚饭,就开始点香烛了,点的就是状元红对烛,一只香斗。所谓香斗,用线香围成三级(即有三颗香高),座子上面再插一颗大香,点着的就是这颗香。燃完了,可以再换一颗香座,上面还插有小旗或杏黄旗。这只香座可以保留着,每年只有插一颗大香直到香座撤掉为止,一般总可用上三年。散掉的香座是几十颗线香组成的,所以还可以用。供品中,鸭子是必须有的,那是祖父平时最喜欢吃的,还有玉米、西瓜,西瓜是夏天有意保留下来的。其他供品,还有黄芋艿、毛豆荚、山芋、素月饼、苹果、甜柿子、葡萄、青菱、红菱、藕节。吃过团圆夜饭,稍息,祖父领头点香烛磕头,父亲、叔父要等拜祭了月亮才能外出。那时,烛光和月光交相辉映,照得院子内十分明亮。

"我小时候祖父还点天香,每晚上更时开始烧天香,有一只铜香炉专门点天香用的,还做了一只香凳,有一人高。天香是点在老宅场心上的,供大家祭拜。等点上香烛后,我们总要到街上走一走,看看店门外的大香斗,

中秋节的香斗（20世纪40年代）

总是大店的香斗最大。回来再拜拜月亮，吃点水果就去睡觉。我那时候睡在朝东书房里，从床上透过窗框，望见天空，一轮皓月当空，四周碧空无云，偶然飘过几缕烟云，遮住圆月，一阵风掠过，月亮又吐出光辉。突然，静静的小庭被几声'瞿瞿'冲破，立即，一阵一阵的蟋蟀争鸣，颇有节奏地唱响夜空。此情此景，永远保留在记忆当中。"

父亲日记中的斗蟋蟀
——崇明旧时节庆习俗之三

石国雄

父母退休后几乎每年要回崇明几次,基本住在位于南门外河沿的老宅。一日,父亲闲来无事,帮助母亲把衣服拿出去晾晒。忽闻一阵阵"瞿瞿"之声,清脆悦耳。仔细辨认,声音出自朝东屋厨房前的砖缝内,不由得勾起了已蛰伏几十个春秋的童心。他让我妹夫取一面盆水,对准砖缝猛浇。只见先跳出一只三尾子,再一浇灌,便有一蟋蟀跳出,旋被捕获。接着又在窨井边捉到两只,放入杯中。老少三代,开始了斗蟋蟀的游戏。只见第一轮,参斗的蟋蟀因大小差距甚大,小的力不胜大,一交锋即败下来。但那只小蟋蟀虽小却并不畏惧,振振羽翼又咬了上来,终力不能及。而胜者抖抖身躯,展开双翼发出"曜曜"之声,显示它的威风。

那是父亲退休初年经历的一件事情,由此引发了他对童年时代玩蟋蟀的快乐追忆:

"我从很小时候起,就喜欢玩蟋蟀。说起来,这个爱好,最初还是受堂叔祖父的影响。其昌叔祖对斗蟋蟀十分爱好。他养蟋蟀用的是专盆,他床边踏脚板下尽是蟋蟀盆。每年中秋节起,斗蟋蟀就开始了,那时叫开册,地点轮流,我家老宅、厅上也是一个据点。开册以后,每隔三天或一星期斗一次。我捡他们斗败下来的蟋蟀,拾取放入香烟壳内,听听叫声。

"至叔父时养蟋蟀又有发展,他每年养有20~30盆,盆也渐考究,从上海城隍庙或苏州玄妙观等地买来,有圆形、六角形、八角形,有大有小,有新有旧,有黑盆朱砂盆,有的盖上装有白铜提手,配有小水缸,也有各种类型、花纹。叔父石锡璋,字达武。他养蟋蟀最盛时,我当时上初中一、

城隍庙内的蟋蟀摊(20世纪40年代)

二年级,所以印象深刻。记得叔母嫌叫声闹人,影响睡眠,不准放在房内。叔父就另外放在邻居家中寄养。他自己一天总要去看三四次。他的蟋蟀专门有人帮他捉,捉到上(品)的有报酬,继而,叔父根据蟋蟀的形态特征一一给它取名,名字贴在盆上,饲养一段时期后,参加战斗。

"战斗之盛会,我记得经常放在东边柴场上张家举行,也是三天一次,或一周一次。每斗一次,参与交战者与观看者总有百余人,当时已经发展成为赌博,且专门有人组织,各司其职,规矩也很多。参与战斗者都是养蟋蟀的能手,大都是城桥人,也有桥镇人,城桥和桥镇显然分成两帮。各人先把所携来的蟋蟀交给过秤的人,称好分量,把同等重量的放在一起,盆上加上封条,写明持有人的记号。叔父的上面标上'达记'字样,遇自己人的蟋蟀是不斗的。一过完秤即开始交战。

"战场是一方桌,两边是公证人。斗蟋蟀的工具,是一长方形的竹笼,中有一闸,上边是弓形的罩子,也是竹栅。蟋蟀草是从上面孔隙中往栅内引。蟋蟀发情开牙,闸的两边是交战双方的蟋蟀,在场称将军。专门有司草的能手，养家自己能牵草的由自己牵，不会的请人牵草，胜方有酬报。公证验明封签后开封，把蟋蟀引过过笼引入栅内。先不亮相，然后有牵草的先引发一下，四面玲珑后，告诉大家，于是双方下注。当时一角钱称为一枝花，一元十枝，一方下赌注为100枝，如对方自己没有钱或靠不住，就少下。旁边人叫帮花，直到双方下注数相等时，牵草人将笼布揭起，让两边公证看相认定各自将军，然后把闸板起出，引过去让将军们会面。将军一遇对方即要张牙相斗，斗到对方败阵为第一回合。如败家仍张牙或闻声再战，三战三北便定局。先把本发还胜家等人后，全场结束。发彩会大概一角可赢得八分，其两分即开销之用。

"战斗竹栅两边有小竹栅，好放'叫难'（即会叫的蟋蟀相陪助助威的）。一档斗完，再拨第二档。如牵草的人认为本身无情，即不响不张牙的，可以取出，另与别一个同样分量的再交战。前面人围在桌边看，后面的都立在小板凳或站在交战的最前线观看。战胜的将军也有现场被喜爱的作价收买，熟人之间相互欣赏一番。牵草的都是有经验者，他们都有自备引草，非常考究，有的专有象牙草筒，筒上刻有仕女花草、名人字画等，即是竹筒也是饱经风霜，光可鉴人。草也有贵贱之分，对蟋蟀的饲养也大有讲究，天热用陈盆，天冷用新盆，饭米要经水浸透，一天一粒米，不宜过饱或过饿。在参加战斗前半天就要断水断食，不能碰到些许油腻，不准抽烟者近看，远离香味，叔父在给蟋蟀喂食或观看时，总要洗手及洗了脸上的雪花膏味。"

有钱冬至夜,无钱冻一夜
——崇明旧时节庆习俗之四

石国雄

1990年,爸爸妈妈在北京过冬。12月22日,恰逢冬至,我们按照北方习惯,吃了饺子。爸爸喝了一点河南名酒宝丰酒,给我们聊起了老家冬至的习俗:

"今日早上至午,俗称冬朝;如果晚上,是冬至。冬至夜在旧社会是大节气。冬至日头最短,过了冬至,每天日长一条线,即开始日长了。俗话说:'正要日短,冬至一赶。'夏至日长。夏至以后,日一天一天短起来了。冬至是个大节气,对人身体的影响很大,有病的人会加重些,重危的人往往过不了这一关。所以大家都很重视。

"过去有灵位供的人家,在冬至晚上做祭祀,点红蜡烛,等于过年一样。有钱的人家晚上摆丰盛的美味佳肴,吃红豆饭卷银包(粉皮豆腐油豆腐菜头烧在一起,用白叶包着吃)。冬至夜,廿四夜,大年夜,过去都有一样的说法:有钱冬至夜,无钱冻一夜。旧社会从今天开始进补,早就请了名医,开了处方,请药店老师傅来家煎熬。记得儿时祖父母、父母也请人在新宅的外场心,用砖头筑起行灶,从药店拿来紫铜大锅,把药倒入先煮。不知道要到什么样的火候,再把药渣过滤过,锅内加入去核红枣、乌胶、冰糖等。熬到厚厚黑黑的药膏,所谓膏制药就成了。每天清晨一调匙冲开水服用。不讲究的人家,就请医生开出处方后,交给药店代熬。

"冬至过后,进入小寒大寒。儿时的大寒,崇明也算是冰天雪地了。从大寒开始,有丧事的人家,要择是日落葬。在城里,熟人多,有大家送葬的习俗,有时每天有几处,父亲、叔父与我,都分头去送礼。送葬一般是

漫画冬至漫搓圆

冬至习俗敬师图

送出城门为止,把柄香撒在城河边,本家近亲直送到坟上落穴(安葬)。丧家的落葬信息,是其在择定时间后,张贴布告。看到的相互转告,在小小的县城里几乎都能知道。"

旧时过年兴味浓
——崇明旧时节庆习俗之五

石国雄

过年蒸糕

首先是蒸糕。父亲写道:"旧时过年,我家从阴历十二月廿二以后,就开始忙起来了。磨粉需要两个劳力推一个磨杆,还有一个人陆续地把米放进石磨的磨膛,然后把磨好的粉筛好,还需要一天时间。阴历十二月廿四

崇明过年蒸年糕

炒年货：炒花生、炒蚕豆、炒蕃芋干等

前要把糕蒸好。蒸糕是专门请师傅来蒸的。我小时候家里请的叫长师傅，后来是小贵生，最后是宝郎（曹元良）。这些人也都会烧菜，若宴请宾客时还会请他们来掌勺。蒸糕很费力气，一笼有20斤左右，还要有一位老太太烧火。松糕易熟，而城里人都喜欢韧的，吃起来又软又糯，因此烧火也要得法。我们通常会蒸两笼百果，一笼赤豆，两笼白糖，两笼红糖，且每年总有一两家要送礼。据说丧家第一年不蒸糕，要由亲戚送，一送就要一笼。从我记事开始一直到敌伪时期，我们每年要蒸十笼。从老宅灶间，把出笼的糕送到新宅堂前凉透。一笼笼端过去也很花工夫，每张八仙桌可以堆四笼。过两天要扦糕片，否则是切不动的。所谓百果糕，实际上是胡桃、黑枣、猪油三种，考究点放些瓜子、松仁等，那是送人的，面上加一些青丁红丝等。

过小年"送灶神"

然后是送灶神,父亲写道:"腊月廿三,吃赤豆饭,卷银包。吃赤豆饭不知什么来历,卷银包是讨好口彩,是吃了可以进财的意思,以百叶包炒菜头(青菜茹菇豆腐干粉皮油豆腐炒在一起)。家乡旧俗,还在这一天夜间送灶神。晚饭后在神前点上状元红蜡烛,供些寸金糖、橘红糖果。到半夜(24点左右),祖父把父亲、叔父等叫齐,开始送灶神了。把灶神请下来,大家一个个磕头礼拜,然后把神放在买好的纸轿子里,轿子还有门帘。再放到火炉盆内。盆内事先放了些稻草等引火物以及锡箔元宝等,一起燃烧。同时,祖父还要通神,就是当灶神被请下来时,把糖放在灶神嘴上,甜甜他,也是行贿的意思。通神的话是千篇一律的,请他老人家上天奏好事,下界保平安。按照规定,灶神每年腊月廿三夜里上天向玉皇大帝汇报一年的工作,除夕夜

农历腊月廿三夜,要送灶神,同时要吃赤豆饭和青菜豆腐

搓圆子

再回下界登上灶台的宝座。烧成灰烬后,祖父用火钳夹了些纸灰,往灶膛内送,嘴里同时喃喃自语:"大元宝滚进来,滚到我家灶膛来。"总之都是祈愿富贵。还有的是廿四夜里送灶的,这些人往往是忘掉应该廿三晚上送的。有句俗语,"热昏颠倒廿四送灶",就是指这种事情。

除夕"谢年"

送了灶神,没几天,就是除夕了。崇明人家过除夕是要"谢年"的。父亲是这样记述的:"旧时除夕,家中要谢年,即晚上要祭祖,外客内客一齐请到,向列祖列宗行礼,然后吃年夜饭。大人忙着挂尊客,一般是挂五代,因为五代以下繁衍多支,所以五代以上的老祖宗各家轮流,轮到则包括上坟、谢年、挂尊客等。尊客挂好后,将宅前宅后各室都扫清爽,然后

'落长掌'（即在荷包或草包内装上寿字图样，放上细石灰，在空地上一一按下石灰印子）。这样做能起到消毒除害的作用。最后是把廿三夜送走的灶神接回来。接灶神是用红纸代灶神的牌子，套上印好的灶神，加上灶马，供上贡品，点上香烛。香是特定的经香，即平时出钱由念经人代念灶君经，每月送来两支香，初一、月半各一支，年终两支，是备廿三夜送灶神、除夕接灶神之用。接好灶已经半夜了，祖父还规定接送灶神都是男人的事。母亲在晚上等家里老小睡静后，便把新衣服一一放在床边，每人的枕边各放一红纸包及一只红橘子。那是福橘，还有一只橄榄，天亮醒来时，摸到

祭祖宗

橘子是有福的，橄榄是元宝。每人全身上下都穿上新衣裳。年初一我们一家老小吃了早饭之后，都跑到海塘上看海，据说是看海眼亮。"

正月初五"接财神""送财神"

农历正月初五，是个热闹的日子。父亲在日记中兴奋地写道："农历正月初五，旧称财神节。商店打烊了四天，今天全部要开业。一早就要鞭炮齐鸣，'高升'不绝，俗称'接财神'。这时，有乞丐借了庙里财神爷穿的袍帽到每家店铺面前跳跃，叫'跳财神'。大的店里放炮仗来迎接，且送些钱。还有到大家大户去跳。记得小时候总由我去给他们十个铜板，或再加两个铜板。来跳的总有二四批，带头的是些地痞。晚上便是'落珍珠'，也就是把年三十夜挂起来的祖宗神像在晚饭前再加点香烛，化了纸锭，欢送他们。送他们到哪里去，就无从知晓了。礼仪完毕，把那些尊客收起来，放在一只画箱里。其中有一轴夫妇三人，男的一只眼瞎的。祖父指着说，是祖先瞎眼太太，烧总台就烧到他为止。这幅像轮到哪家，这一年的祭祀就归哪家办，如清明上坟、过年吃年夜饭等，都集中在这一家。有些文钿也归这家收，如东河沿上一家炮仗作及掘头街上一栋小楼的房租，还有东河沿天茂香烛茶叶店的一个折子也可收几十元一年，就把这些钱来抵一年的开支。"

正月十五"过三桥"

正月十五是元宵节，也是传统春节的最后一天，这一天是很热闹的。崇明人过元宵节，有自己的习俗。父亲是这样记述的："真正到了正月十五，晚上还有过三桥的习惯。记得那时，城内桥很多，过三座桥是很容易的。走南街中转河桥，南转河桥，不用出城，朝东从富民街过桥，再由东街回家。童年时经常与邻里几个小朋友一起，拎着兔子灯或青蛙灯满街玩。街上挂的是

正月十五点兔子灯

正月半拔灯：元宵节晚上，农家屋前，高高地竖起一两只大红灯笼，同天上的明月相映生辉，祈福明年风调雨顺、全家安康

走马灯,门口是小红灯。桂花树上高挑着三盏灯或六至九盏灯,印象中到处都是灯。有时候在舅舅家过两个新年,他们有放灯笼的习惯,也叫放洋灯。一般是在正月十五夜里。当时我太小了,已经不记得灯笼里放的是什么东西,只记得当时看到三四人将灯笼抬到空地上,内中点了蜡烛,等充足了气体,方方的灯笼冉冉升起,扶摇直上,直到上空像小月亮远远飘去。但这种玩意儿毕竟危害性很强,如果落在草屋上,常常把人家的草屋烧掉。还有舞灯笼,打十番锣鼓,我跟在后面看热闹,总有一位堂房舅舅跟着,怕我被挤走,回不来。女眷则在家里'请三姑娘'。用三根稻草点了香,提着灯笼到茅厕里去请'坑三姑娘'。请到屋里时,像问仙一样地问。答对的,手中的稻草会点点头。还有一种是请'门臼娘娘'或称'门角娘娘'。在门角点了香恭请,手执稻草,也是以灯草点动为准。有的问寿数,则连连点头,点的次数越多寿越长。这都是乡间的迷信,城里也有,但不多,有也是在年长者中间进行。"

清明插柳簪麦叶
——崇明旧时节庆习俗之六

石国雄

父亲关于崇明农俗中的节气,还有许多记忆。如阴历二月初二,他记述道,这天是土地爷生日,小时候在东街县政府西隔壁的土地庙看人们进香,那时候香火还很旺。后来改成了消防站即救火会。这可能也是民国年间改造社会的一个举措。再比如,阴历二月初八,是老和尚过江日,就是

清明节扫墓

清明祭祀扫墓

达摩祖师渡江这天。老百姓说,这天的前三天或者后四天要有风雨落雪,这年就难风调雨顺。转眼到了清明,在父亲看来,清明节是他儿时最值得珍视的节日,他说,昔日在沪工作,每年都回崇明祭扫祖茔。但那时条件好一点,到了我们家经济困难的时候,连买一张船票都需要掂量掂量,父亲只能在上海家里设坛凭吊。退休了,一是清明,二是祖母的生日,他总要回崇明亲自操办。他深情回忆:"小时候上坟有几处,东门外有老坟,桥镇灯茔弄有老老坟。祖父母故后,父亲又买了新坟,在东三江口黑墙门。后叔父及龚氏叔母亦迁入新坟。新坟尚留两穴,是先父母的。待先父母故世时,坟已平掉。……过去上老坟及老老坟是石家四份轮流的。只记得老四份当时城内是后头太太,桥镇是桥头太太,大房就是我的太太。我的太太早故,由祖父为主。三房分为祥公公与街上公公(石其昌),我祖父叫克昌。每年上坟时,锡瑛叔最顽皮,他与我同年,锡琮叔小我们2岁,跟在后面。在坟地上我们拔毛针吃,即毛柴根上的嫩芽,有一茸绒头,有点甜味。这种草据说过了清明,就不能吃了,因为小鬼出来要在上面小便。回家时,我们沿河折了一大把杨柳条,一路跑一路做杨绵球,就是把折下的根部,剥开它的皮,往头部推上去,一直到柳梢,结成一团,打一个结。我们在路上甩来甩去,非常有趣。如到老老坟,便要坐车,就把杨绵球插在车头上,摇摇摆摆,也很好玩。"

端午吃粽子品五黄
——崇明旧时节庆习俗之七

石国雄

1991年5月16日，父母在金山，这天正好是端午节，但是却是雨天。父亲的记忆中，端午下雨极少。因为在他的印象中，端午节永远是日午时分，他的祖母或母亲，要端出一只"斗"（坛子），放在场心上，让每人在上面坐一会儿。大家知道，里面已经放好了一只蟾蜍，在上面坐一坐，夏天不会疰夏，还可以免除一年肚子疼，并消灾灭病。这只蟾蜍必须早晨就派人抓来，因为到了中午，就找不到蟾蜍了。

"每年端午节，母亲与祖母照例最早起床，吩咐佣人买菜。自我懂事

端午节龙舟竞赛

端午节插艾草

后,香烛都是我点燃的,供用的粽子也是我发的,两只粽子两只绿豆糕装一盒作为供点。第一供的是灶神。香是由念经的人送来的,送经香的是县衙里的黄经全;然后再点家堂供祖先的香烛。家堂里的腊杆是长的,可点十二支烛。因老四分都要点,祥公与元公分开正好5分;第三供天香,即在场心上放一张方凳,点上香烛,同样也供一盆粽子;第四是供观音堂,这也是家家点香烛的。到了日伪军进驻崇明城时,宝郎(长工)与珍叔(石锡珍)上去看看观音菩萨,哪知神龛里空空如也,想是上天去了。我们就这么一供供多少年,这才知道供的是空龛。当然,也许是观音菩萨不满意日军进驻,一气之下,走掉了也未可知。

"我家习惯,端午节要吃'五黄':黄鱼,中午吃糖醋黄鱼,晚上吃红烧黄鱼,放上大蒜头粉皮;枇杷、樱桃;咸鸭蛋;新豆瓣;黄鳝。还有糖梅子、黄瓜烧豆瓣,喝雄黄酒。各扇门上挂菖蒲、艾蓬、大蒜头,以除秽驱邪。午饭后,房间里要用苍术白芷及其他药物烟熏一个时辰,房间门窗紧闭。每个人的额头要用雄黄酒调明矾,写一个'王'字,也是辟邪的意思。雄黄酒和房间烟熏的药物,都是药店配好的。往往药店为供端午节的需求,都要提前一个礼拜,动员全店人员做准备,一包一包包好。端午节还要在门口门梁贴符。我家用的符来源有两处:一是专念灶君经的王经全在庙内请来的,贴在老前头屋的正梁上;二是扮钟馗的叫花子,挨家挨户送的。当然要给钱给粽子的。

"一般在中午前,跳钟馗的乞丐到庙里借了菩萨穿的衣袍、帽子和鞋,进到屋里,跳一跳把符往中堂上一挂。他们端午节跳,就是捉小鬼,年初一跳加官,初五跳财神到。我小时候就负责送钱送粽子。他们有时候还送上一张钟馗像或大红纸,纸上画上一些谁也看不懂的符咒,居然还盖有庙内的朱砂大印。这一张大红纸一般要几十文钱,需要讨价还价的。贴上的符咒平时就没有人去动它了,要等到它自然脱落为止。

"粽子是家家户户都要包的,那时裹的都是尖头的小脚粽,一律都是白米、赤豆及花生米,还没有蛋黄及肉粽,后来即使有所谓火腿粽,也是另一锅子烧,因为白米粽尖头上放一只枣子是为供灶君、家堂宅神、土地以及观音堂的。我懂事后都由我去一一打点,每处都供上两只尖头阔底的小脚粽,我们家放观音堂的神龛在宅子的最后一进,后头太太的正屋内。后来发现那神龛中空空如也,不知哪年上天去了,没有回来,我们都是在对着空龛礼拜供奉,供的不过是里面厚厚的一层尘埃。我们觉得有意思的,就是身上带的香袋。香袋或是黄老虎或是鸡心或是菱形、粽子形的,它们都用红绿黄丝线扎起来,十分好看,且有香味。挂起来还可以辟瘟。所以那个时候,蚊帐的帐钩两边都有挂的,另外还挂一对小粽子,是喂蚊子的,告诉蚊子,你不要叮我,去吃粽子去。"

豫园花会轶闻

金陵客

上海先贤毛祥麟先生撰《墨余录》，对豫园记载颇详。其中尤为引人注目者，是豫园的花会。

豫园自明四川布政使潘充庵"垂二十余年"建成后，到清朝乾隆年间潘氏衰败，园亦渐圮，终于转让出手。当时上海商贾云集，分金修葺此园，于是看中这块游人如鲫的大好市场，"园中竞设店铺，竟成市集，凡四方之山人墨客，及江河杂技，皆托足其中，迥非当时布置"。这种园林竟成集市的特色，在某种程度上反映了沪人善商的特点。就在这座充满着商业气息的豫园里，上海人在一个半世纪以前曾经举办过各种花会，而且这种种花会也都充溢着商业气息。

据毛氏记载，"沪城花会，莫盛于兰"。当时有人不惜重金求购兰花名种，四方花客络绎不绝而来，不少人因此暴富。"春时花发，争奇斗胜，咸集豫园"，贵重的品种有一品、五兜、翠蟾、玉蝶等，更名贵的是金雪、朱墨、巧蝶、虫兰等。到了秋天，豫园又有菊会，其盛"不减春时"。毛祥麟记述说，当时有一位富商，用二十两黄金买下一株"秦川菊"，到第二年花再开时，不过是一种深紫色花罢了。懂得其中奥秘的人告诉他，这是别人用墨汁染色欺骗他的。他却不以为意，认为是既以千金市骨，又何患佳种不至呢！

豫园花会之盛，使上海花农深得其益。毛氏记载说，"邑西北旧有梅源市"，户户种梅，梅花可售，梅子更可售。"浦东沈庄之萧氏废园，有奇种，结子大于常梅，其色淡如水翠，着物即碎，味甚鲜洁，入口即化，名曰萧梅","每枚索钱六七文"。又有法华镇花农种植牡丹,"有紫金球、碧玉带二种,最为名贵;其他杂色,亦有数十种",游赏者远近毕集,花农亦将其"担入城市售卖"。

豫园花会浓厚的商业气息,为当时的文人墨客所不满。当时瞷城人程序伯写过一篇《艺兰说》,对此加以讽刺。他说有人在他家发现一株名贵异常的兰花,叹息说自己苦苦寻觅却久无所得,而你有佳品却不知贵重,"负兰甚矣"!程序伯驳斥说,不论自己是不是负兰,你以价格高低来确定兰花的品位,难道就真是兰花的知己吗?让兰花沾染上铜臭,才是真正的"负兰"。程序伯此文借兰寓意,评说的当然远不止是兰花,但由此可见,当时以兰花而富者确有其人。兰花价格奇贵,风气于此可见一斑。

龙华庙会

吴春龙

"龙华庙会"是龙华镇的传统集市,其兴盛与弥勒佛故事有关。据佛典,三月初三为弥勒佛的涅槃日,届时,龙华寺都要举行盛大的佛教仪式;且龙华寺的香汛又集中在农历三月,所以这一天信徒云集,使龙华寺一年的香火达到鼎盛。小贩们纷纷聚于寺前设摊,久之,遂成集市,俗称庙会。早在明末清初,民间就有"三月三,上龙华","烧烧龙华香,投个好爷娘"的说法。每近春临,沪上有至龙华踏青、游春之俗,迨清末,龙华桃花名噪,赏花游春者如云,使庙会更添风采。清人秦荣光作有《上海

19世纪二三十年代的上海龙华庙会

龙华庙会盛况

竹枝词》赞其盛云："车如流水马如龙，轮舶帆船白浪冲。香汛赶齐三月半，龙华塔顶结烟浓。"

  旧时，庙会多售农副产品，如竹木藤器、香烛、龙华稀布、瓜果菜蔬和净素风味小吃等。民间艺人、江湖班子亦聚于庙会一显身手。20世纪30年代，庙会规模，北起龙华路茂公桥（今华容路口），西至中山西路（今龙华西路）与天钥桥路相交处，长约二里的马路两侧，货摊、食摊鳞次栉比，游人、顾客及朝山进香之善男信女接踵摩肩。车马舟船，川流往来，毂击辔连，舳舻相接。可谓："年年佛诞逢三月，香火场中大会忙。"1937年"八一三"抗战，上海沦陷后，庙会一度被日军取缔，抗战胜利后，庙会市面仍不景气。新中国成立后，这一传统的集市日趋兴旺。1953年，首次"龙华庙会"由政府主办，称龙华物资交流会，有商户900余家，其中私营占95.2%，会中增设各种展览，但已无艺人表演。1966年8月，因破"四旧"，龙华寺遭劫，交流会停办，直到1980年，才重新恢复，由上海县与龙华镇联手举办，人流量达60万人次。1987年庙会达历史最高水平。此次庙会为期九天，以龙华公园为中心，向东沿龙华西路至沪杭甬铁路（今日新支线），向西至天钥桥路，向北沿龙华路至协昌缝纫机厂大门，共搭建营业棚6 000平方米，入会商店约200余家，设摊450余个。客流量达330万人次（最高日人流量达80万人次），销售额为1 203万元。

如今，龙华庙会已成为上海一年一度最大的集市。

晚清小说中的上海虹庙

吴圣昔

1994年2月,《新民晚报》曾经登过一条新闻,大意说:农历正月十五日,南京东路原虹庙旧址前出现了一群烧香客。第一批人是从川沙来的妇女,她们凌晨三时许就来到虹庙旧址的弄堂里,从拎包里取出菩萨像,放在弄内48号大门前,插上香,点燃大蜡烛,叩头跪拜;其中有三个青年女子,也跟着叩头。有人告诉她们此地已经没有虹庙,一位老妇回答:我老远赶来烧头香,心诚就行了。天蒙蒙亮,烧香客竟越聚越多,一些人挤不到大门口,就在围墙边,用碗或小罐燃烧酒精代香火,围墙墙脚一时被熏得漆黑……

说巧也真巧,一次我在浙江图书馆看书访书时,看到过一部从未著录的晚清小说,书名就叫《火烧上海红庙演义》。此书思想艺术本不足道,但有一点使我诧异:小说作者对朝拜虹庙的现象取批判态度。

虹庙,原称保安司徒庙,因四周围墙色红,又称红庙。虹庙创建于明代,《火烧上海红庙演义》说是建于上海通商以后,不足为据;但此书所叙建造虹庙的初衷,乃是乡民为了纪念一位处事正直的地方小官郑直,也可能有其事实依据。据称,该庙最早只是一个乡间小土地庙,后来逐渐扩大,杂供佛道诸神,如观音、关帝、财神、土地、星宿等,大概是以此招徕和满足不同祈求的烧香客。但虹庙的影响力之大,大概主要还在于它得天独厚的地理位置。因为上海开埠后,虹庙地处当时英租界的闹市,随着当年的大马路即现在的南京东路日益繁华,这个弄堂小庙香火也日益旺盛,名气很大,有光绪年间竹枝词为证:"司徒庙小竞烧香,因列洋场极闹场。"据情推测,当时的龙华寺、静安寺等古庙,规模虽远比虹庙要大,历史也

1937年的上海虹庙

要悠久，但因离市内闹市较远，当时又没有电车、汽车，交通不便，平日香火可能就不及虹庙了。所以一些晚清小说中，写及求药许愿往往多在虹庙即与此有关。自从上海开埠通商以后，以上海为背景几乎成为小说创作的热点，而在这些类似"纪实小说"的作品中，常常写到虹庙，这无疑是当时虹庙香火旺盛、影响大的反映。不过，这些描写笔墨虽有虚实浓淡之别，但是不约而同都把虹庙朝拜迷信当作讥笑和谴责的对象。

例如，《海上繁华楼》第二十五回，写阿珍病势凶猛，少愚要请医生，阿珍却相信虹庙仙药，叫老娘姨去求仙方，说"一吃便好"。后来病情危重，无奈请医诊治。医生怪其看病太晚，老娘姨说明情况，又拿出"仙方"。医生瞧了一瞧，连说"可恶！"并把"仙方"向台上一掷，叹口气道："这个病是伤寒，怎能吃得这药方！如今已无可挽救。"阿珍果然不治。作者叹道："世人信服'仙方'，真是害人不浅。"

无独有偶。《九尾狐》中的阿二病重，其妹宝玉延医治疗，已有转机。后来宝玉到虹庙烧香，顺便替哥哥求了三服"仙方"，未及服完，竟发作起来，阿二气喘如牛，双手在胸前抓爬，口中乱哼。连忙请来医生再看，医生大吃一惊：本来病已好转，今天为何大变？后来看了"仙方"，遂知其中有贴大补药，不禁为之"跳足"，阿二随即骤亡。作者叹息说"许愿求方，大误其事"，虹庙神佛来"催命"。作者显然也为虹庙的祸害而愤慨。

小说《温柔乡》的女主人公，曾三度勾引男人往虹庙设誓，虹庙香工老三深知其人内情，大加讥嘲。在作者眼里，虹庙神和助人行骗的保护神也差不多。

当然，谴责比较强烈的当推《火烧上海红庙演义》。虹庙大殿曾于光绪年间焚毁，作者很可能就是抓住这一事实，借机发挥。小说的整个故事是演述几十年间发生在虹庙的种种罪孽，经值日功曹逐细查明，上奏天庭。玉帝大怒，即令火神将虹庙焚毁。这对盛极一时的虹庙来说，实是辛辣的嘲讽。

闲话大王庙

龚 柯

过去，老上海们把新闸路成都路一带统称为大王庙，其实真正的大王庙在苏州河南岸靠近新闸桥堍。众所周知，一般庙门都朝南开，唯有这座大王庙的大门却是朝北，关于这一点，还有一个传说。

明朝有位皇帝曾经到黄河一带察访民情，正当御驾亲临河岸的时候，突然乌云密布，狂风四起，在滔天的恶浪中，只见远远驶来一条战船，上悬两盏氅灯，斗大的"谢"字显得金光锃亮，船首一员大将金盔金甲，威风凛凛。待等船只驶近前来，天空豁然开朗，一时风平浪静，船只消失得无影无踪。皇帝大奇，传谕查明此人。据查悉此人姓谢名绪，是宋末安徽金龙山上的大王，因排行第四，人称"金龙四大王"。此人是一名水将，在

大王庙门楼

抵御外侮守卫黄河之战中,血染河上为国捐躯。这位宋代名将金龙四大王,到了明代被敕封为"黄河福主",意即护佑水上平安之神。苏州河畔的大王庙,坐落在南岸朝北开门,即为供奉北方"黄河福主"之意。

很早以前,新闸桥一带水陆交通频繁,凡由水路进入上海者,都在此下舟。大王庙前有一间接官厅,官船停在这里,官员先至接官厅稍息,而后必进庙内烧香,然后换车或搭轿。因此,大王庙一年四季香火旺盛,特别是每年端午节,龙舟、龙舞齐集,尤为热闹。农历九月十七为"四大王"生日,高跷、龙灯、荡湖船等民间杂耍活动往往延伸几里路长。庙会的盛况年复一年,有增无减。19世纪末的一次庙会,苏州河两岸连同新闸桥上挤得人山人海,河南的龙舟像飞梭,人们兴奋得忘乎所以,大声喊叫助威。突然,"嘎喇喇!"不好啦!新闸桥栏杆断裂了,几十人掉进了河水,十几人惨死在河上。延续了许多年的庙会就此告终。

"箍桶"与"切笋"

徐德培

现在,常见说唱演员在表演时,模仿早年街头的一些叫卖声,大多是"削刀磨剪刀""桂花赤豆汤"几个老套头,听多了不免生厌。其实,老上海街头的叫卖声丰富多彩,举不胜举。这里仅说两个很少被提到的种类。

一是"箍桶"。20世纪70年代前,市民家里总有几件常见的木制器具,如马桶、浴盆、脚盆、镬盖等。马桶的铁箍断了,浴盆、脚盆的底板或旁板烂了,一般是不会轻易扔掉的。主人总是把它洗净晒干,用绳子捆扎后放在一边,然后嘱托左邻右舍:"看见箍桶匠喊我一声。"

箍锅盖

【老行当】

箍桶匠

箍桶司务本领高,作刀一把篾几条百碎桶件多好箍。篾圈一个圆得牢,目今世界破损多,金瓯欲缺安得大匠箍。莫似造屋误请箍桶匠,才力不及无奈何。

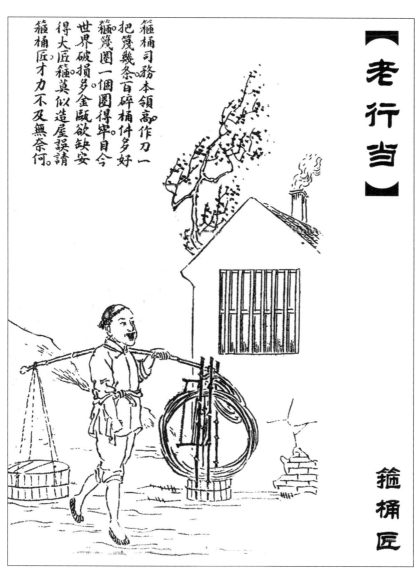

箍桶匠

随着"箍桶"喊声响起，一些居民就拿着待加工的旧器具出来了。箍桶匠的担子，一头挂着大小不一的铁箍、锯子、手拉钻等工具，一头是个平口桶，内装小板凳、斧头、竹刀、刮刨、毛竹筒等。毛竹筒是用来削竹钉的，因铁钉容易腐烂，木桶的条板都是侧面钻孔，用竹钉拼连起来的。

一只马桶或浴盆，通常需要十多块条板。箍桶匠的技艺就是把这十多块板拼连起来，不用黏胶剂，而用两头尖的竹钉拼连成圆形，再用铁箍进行固定。箍桶匠俗称"圆作师傅"，虽也属于木匠之列，但不会开槽凿榫，不会做门做窗。所以民间有"造屋请了箍桶匠"之说，意即请了一个不对路的外行。

二是"切笋"。按过去的习俗，到了过年的时候，桌上一碗笋丝烧肉是不可少的。有些人家煮一锅笋丝烧肉，可以从年初一吃到正月半。这道菜的主角是笋丝，配角是肥瘦相间的五花肉。所谓笋丝，就是老笋干经过水发，然后切片切丝。笋丝切得越细，吸收油水越多，味道就越鲜美，上口清爽不腻，脆嫩油滑，香鲜可口。一般家庭或者主人刀工不行，或者缺少一把锋利的菜刀，难以切出细细的笋丝。幸好，过年前十天左右，弄堂里就会有人叫喊："切笋！"

切笋师傅肩扛一条板凳，凳上安装一柄中药店用的切刀。代客加工时，先把浸泡过的笋干撤成薄片，然后一手用特制的竹帚夹住，一手握紧切药刀柄，随着"咔嚓、咔嚓"声响，刀法快速利落，切出的笋丝厚薄匀称，这是一般家庭主妇做不到的。代客加工笋丝一年只有一次，而且集中在年前十天左右，是街头服务业辰光最短的一个种类。

后记

去年,我在编辑《文化名人笔下的上海风情》(《上海滩》丛书之一)时曾在"后记"中写道:"《上海滩》杂志自1987年1月创办以来,得到了上海乃至全国众多文化名人的大力支持。他们在给我们出主意、提建议的同时,还不吝赐稿。"其实,他们还经常建议我们将《上海滩》三十余年来发表的近3 000万字珍贵史料、1万多幅稀有图片,分门别类,编成一整套《上海滩》丛书,陆续出版,既可以方便不同兴趣的读者阅读和收藏,更能为上海史研究工作提供比较系统和完整的史料。其中,邓伟志先生最为热心。邓先生是著名社会学家、上海大学社会学系教授,还是《上海滩》杂志的老作者、老朋友。他不仅提建议,而且还以实际行动来推动这项工作。

记得那是在2017年金秋时节,一天上午,邓先生给我打来电话,高兴地告诉我,上海大学出版社愿意和《上海滩》编辑部合作出版《上海滩》丛书。我一听,觉得这是件大好事,便立即向上海通志馆吴一峻副馆长作了汇报。吴副馆长在征得上级领导同意后,立即要我与邓先生敲定此事。

不久,上海大学出版社就派了责任编辑陈强先生来联系,经过多次商谈,确定了2018年先推出《上海滩》丛书中这一套四本,分别为:《申江赤魂——中国共产党诞生地纪事》《海上潮涌——纪念上海改革开放40周年》《楼藏风云——上海老洋房往事》《年味乡愁——上海滩民俗记趣》,每本图书文字均在20万字左右,四本书共计80余万字,四本书共收数百幅珍贵历史图片。

为了顺利完成这套丛书的出版工作,《上海滩》编辑部的同仁都积极行动起来，有的为取书名而献智出力，有的为搜集、复印文章而大量查阅《上海滩》合订本，有的为确保丛书质量而提供所收文章的电子版，省去了大量的打印和校对时间，配合出版社完成了《上海滩》丛书出版的各项准备工作。因此，《上海滩》丛书的顺利问世，是《上海滩》杂志全体同仁共同努力的结果。

在此，我们还要感谢上海大学出版社的领导，正是他们的合作出版计划和大力推动才有了这套《上海滩》丛书的出版；期间，责任编辑陈强先生的辛勤劳动和一丝不苟的工作态度，给我们留下了深刻的印象。

当然，我们最想感谢的还是热情的牵线人邓伟志先生。

葛昆元　《上海滩》杂志原执行副主编